경이로움

Radical Amazement

Judy Cannato

© 2006 by Judy Cannato
First published in the United States by SorinBooks
Korean translation copyright © 2013 by ST PAULS, Seoul, Korea

경이로움
인간과 우주와의 경이로운 만남

글쓴이 : 주디 카나토
옮긴이 : 이정규
펴낸이 : 서영주
펴낸곳 : 성바오로
주소 : 서울특별시 강북구 오현로7길 20(미아동)
등록 : 7-93호 1992. 10. 6
교회인가 : 2015. 12. 10
초판 발행일 : 2013. 1. 31
1판 3쇄 : 2020. 7. 7
SSP 964

취급처 : 성바오로보급소
전화 : 944--8300, 986--1361
팩스 : 986--1365
통신판매 : 945--2972
E-mail : bookclub@paolo.net
인터넷 서점 : www.paolo.kr
www.facebook.com/stpaulskr

값 18,000원
ISBN 978-89-8015-811-9

이 도서의 국립중앙도서관 출판시도서목록(CIP)은 e-CIP홈페이지(http://www.nl.go.kr/ecip)와 국가자료공동목록시스템(http://www.nl.go.kr/kolisnet)에서 이용하실 수 있습니다.(CIP제어번호 : CIP2013000341)

> 이 책은 저작권법의 보호를 받으므로 무단전재와 무단복제를 금합니다.
> 이 책 내용의 전부 또는 일부를 재사용하려면 반드시 저작권자와 성바오로출판사의 동의를 얻어야 합니다.

디토 주나카 글 김규 이 정 옮

경이로움

/

인간과
우주와의
경이로운
만남

RADICAL
AMAZEMENT

성바오로

이 책을 쓰고 출간 과정 내내 저를 지지하고 격려해 준 가족과 친구들, 동료들에게 두루두루 고마운 마음을 전합니다. 멘토이신 밥 햄마Bob Hamma는 늘 따뜻한 조언과 격려로 용기를 주셨습니다. 이 책이 나오기까지 아베마리아 출판사의 줄리 키닝거Julie Cinninger, 메리 앤드루스Mary Andrews, 크리스티나 몬로Christina Monroe, 피터 거레드Peter Gehred는 끝없는 창의력으로 지칠 줄 모르고 수고해 주셨습니다. 책을 쓰는 동안 변함없이 저를 지지해 준 가족에게도 감사를 전합니다. 무엇보다 제가 글을 쓸 때마다 파트너가 되어 준 남편 필에게 이 책을 바칩니다. 우리 부부의 기쁨인 두 아들 필Phil과 더그Doug, 제게 항상 영감을 주시는 어머니 루실Luccille과, 자주 전화로 "너, 글은 쓰고 있어?"라고 물어 준 언니 린다Linda에게도 고맙다는 말을 전합니다. 캐럴 크릭Carol Creek, 팻 코작 수녀님Pat Kozak, CSJ, 재클린 거스데인 수녀님Jacquelyn Gusdane, SND, 캐럴 진 수녀님Carol Zinn, SSJ, 메리 앤 오하라Mary Ann O'Hara, 리즈

바젠틱Liz Vajentic과 밥과 마리 루비Bob & Marie Rubey 부부에게도 감사드립니다. 이 분들과 나눈 대화와 경험은 제게 너무나 소중하였고 큰 도움이 되었습니다.

특별히 오하이오 주의 성요셉수도회St. Joseph of Cleveland에 깊은 감사를 드립니다. 저는 일치와 화해라는 수도회의 카리스마에 이끌려 지난 10년 동안 재속 회원으로서 이분들이 하시는 일에서 영감을 받아 왔습니다. 이 공동체에서 체험한 것들을 통하여 저는 성장하였고 또 제가 가진 재능으로 수도회가 사목과 선교에서 카리스마를 구체적으로 드러내는 데 힘을 보태 왔습니다. 저에게 보여 주신 그 사랑과 성원에 제가 얼마나 감사하는지, 어떤 말로도 표현이 안 될 겁니다. 성요셉수도회의 수도자들은 진정 무한히 경이로운 존자들이십니다. 수녀님들, 수도회의 카리스마가 이 책의 페이지 페이지에서 빛나기를 바랍니다!

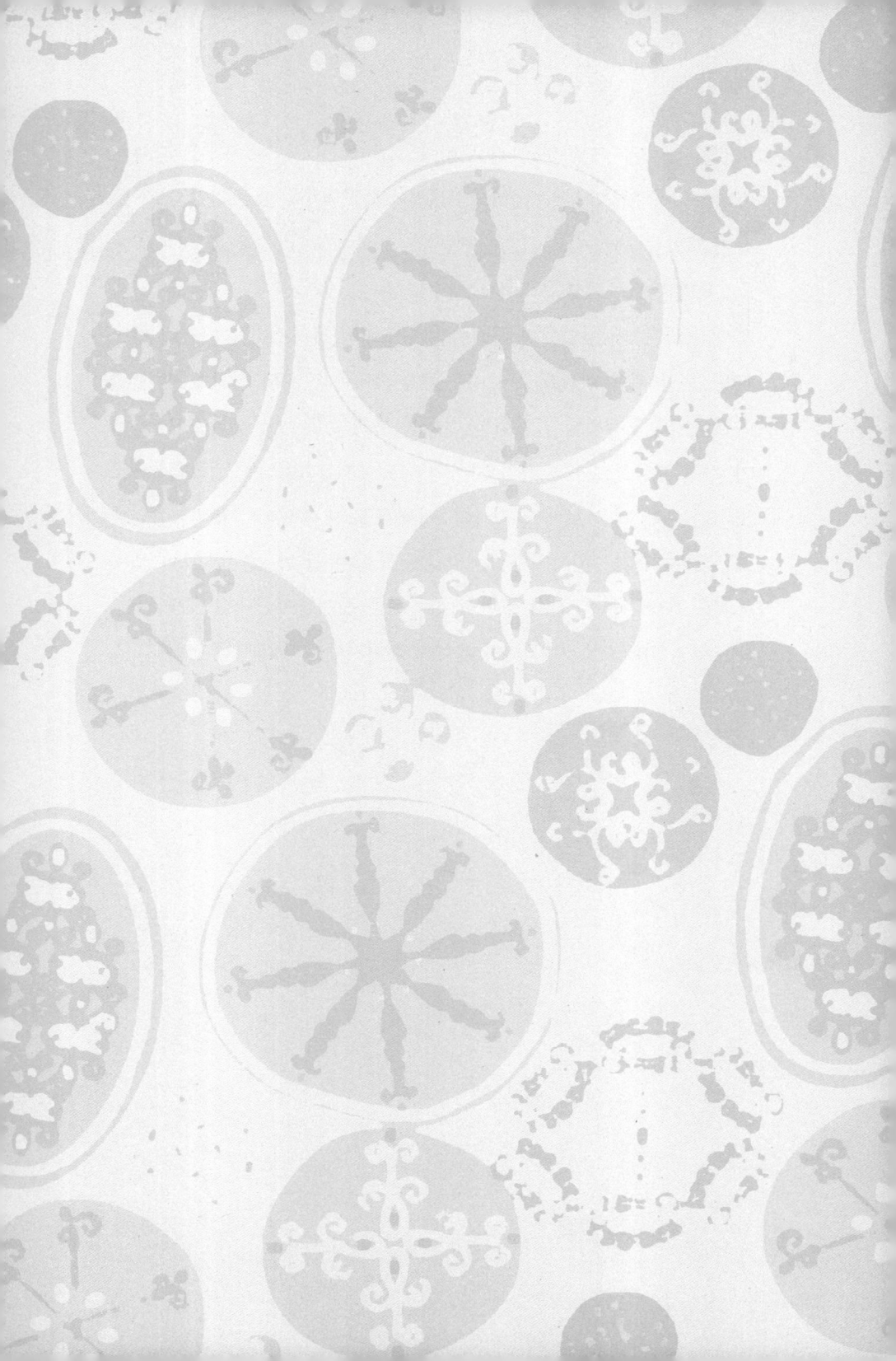

contents

들어가는 글 | 008

첫 번째 이야기　우주론 | 025
두 번째 이야기　새 우주론 | 043
세 번째 이야기　한처음에 | 063
네 번째 이야기　빅뱅 | 081
다섯 번째 이야기　진화 | 097
여섯 번째 이야기　강생과 광합성 | 119
일곱 번째 이야기　세상의 빛 | 141
여덟 번째 이야기　홀론 이론 | 165
아홉 번째 이야기　블랙홀 | 183
열 번째 이야기　초신성 | 203
열한 번째 이야기　신비 | 223
열두 번째 이야기　한없는 경이로움 | 241

용어 해설 | 263

들어가는 글

> 한없는 경이로움 속에 하느님의 현존을 알아보게 된다.
>
> — 아브라함 헤셸

토마스 아퀴나스는 "창조를 잘못 이해하면 하느님을 잘못 알 수밖에 없다."고 했다. 과학의 발달로 어릴 때 알던 진실은 더 이상 진실이 아닌 시대에 우리는 살고 있다. 그런 우리에게 토마스 아퀴나스의 이 말은 어떤 의미일까? 지난 몇 십 년 사이 우주에 대한 우리의 인식을 바꿔 놓는 엄청난 변화들이 있었다. 아퀴나스의 말이 옳다면 우리는 새롭게 알게 된 '창조'에 맞춰 하느님과의 관계도 다시 생각하고 재정립해야 한다.

피정을 진행할 때 나는 크고 둥근 감청색의 종이 위에 손가락 한 마디 정도의 모래를 깔아 놓고 참석자들과 함께 다음과 같은 상상을 해 보곤 한다.

모래알 하나하나가 별이라고 생각한다. 아주 맑은 밤에 별을 보기 좋은 장소에서 시력이 좋고 불빛이 없다면, 맨눈으로 약 2~3천 개의 별을 볼 수 있다.

모래알 하나를 태양이라고 생각하자. 지난 50억 년 동안 행성들과 (아직 행성이 되지 않은) 미행성들이 태양 주위를 돌고 있는 우리의 태양계를 상상해 보자. 그리고 우리태양인 모래알에서 가장 가까운 모래알을 찾아본다. 그 별은 알파 센타우루스의 일부로 지구에서 4.35광년밖에 떨어져 있지 않은 켄타우루스자리의 프록시마 별이다. 가까운 거리처럼 느껴지지 않나? 하지만 빛은 1초에는 30만 킬로미터를 이동하고 1시간이면 10.8억 킬로미터를 이동한다. 빛은 0.016초 만에 미국 동부의 뉴욕에서 서부의 로스엔젤리스까지 가고, 0.133초 만에 적도 주위를 한 바퀴 돌 수 있다. 38만 4천 403킬로미터 떨어진 달까지 가는 데는 1.29초면 되고, 1억 5천만 킬로미터 떨어진 태양까지 가는 데는 8분 남짓이면 된다. 이렇게 상상할 수 없이 빠른 빛의 속도로도 지구에서 가장 가까운 별까지 가는 데 4년이 넘게 걸리는 것이다! 오늘밤 밖으로 나가 어두운 밤하늘에서 프록시마 센타우리 별을 보게 된다면 그 빛은 1초에 30만 킬로미터를 움직이며 4.35년 동안 달려 우리 눈에 도착한 것이다.

이제 우리태양을 나타내는 모래알 주위에 별들이 원반 모양으로 정연하게 퍼져 있다고 상상해 보자. 그 별들은 은하수를 나타낸다. 나선 모양의 우리은하는 지름이 10만 광년, 두께는 1만 광년으로 2천억에서 4천억 개 정도의 별들이 모여 있다. 우리은하계에 있는 별들을 모두 모래로 나타내려면 꽤 큰 덤프트럭이 있어야 한다.

1920년대만 해도 우리은하가 우주의 전부라고 생각했다. 하지만 1923년 에드윈 허블Edwin Hubble은 안드로메다은하가 우리은하에서 약 250만 광년 거리에 떨어져 있다는 것을 알아냈다. 오늘날 우리는 우주에 수십억 개의 은하가 있고 또한 은하마다 별이 수십억 개나 된다는 것을 알고 있다. 1990년에는 610킬로미터의 우주 상공에 띄워 올린 허블우주망원경으로 약 120억 광년 떨어진 곳의 사진을 찍기도 했다.[1]

우주에 있는 별들을 모두 나타내려면 얼마나 많은 모래알이 필요할까? 칸칸이 모래를 가득 실은 화물 열차가 1초에 한 대씩, 하루 24시간, 일주일 내내 쉬지 않고 지나간다고 해도 3년은 걸릴 것이다! 우리가 살고 있는 우주는 너무나 광대해서, 그 크기를 상상만 해도 마음이 아득해지는 느낌이다.

에드윈 허블은 우리은하 바깥에 다른 은하가 존재한다는 것 외에 우

---

[1] 2012년 9월에 허블우주망원경으로 촬영한 132억 년 전 우주의 모습(eXtreme Deep Field, XDF)이 발표되었다. – 역자 주

주가 팽창하고 있다는 것도 밝혀냈다. 이전에 과학자들은 우주가 정적이고 고정되어 있다고 생각했는데 이를 뒤집은 것이다. 우주가 팽창하고 있다는 사실은 아인슈타인도 받아들이기 힘들어했다.

우주가 팽창한다는 것이 확인되자 벨기에의 사제이자 물리학자인 조르주 르메트르(Georges Lemaître, 1894-1966)는 창세기에서 말하듯 우주에 시작점이 있었을 것이라고 주장했다. 1949년에 조지 가모프 George Gamow 는 지금은 빅뱅으로 알려진 이론을 수식으로 표현했다. 시간이 가면서 조금씩 수정이 되기는 했지만 빅뱅 이론은 지금까지 우주의 기원을 가장 잘 설명하는 이론으로 알려져 있다.

1998년 웬디 프리드만 Wendy Freedman 이 이끄는 연구진은 137억 년 전 빅뱅이 일어났다고, 즉 우주의 나이가 137억 년이라고 발표했다.

2003년 윌킨슨 우주 배경 복사 탐사선(Wilkinson Microwave Anisotropy Probe, WMAP)의 관측 자료를 연구한 과학자들은 우주의 25퍼센트가 아직은 그 정체를 알 수 없는 암흑 물질로 이루어져 있다고 발표하였다.[2] 눈에 보이지 않는 암흑 물질의 존재는 다른 천체에

---

2 암흑 물질의 존재는 그 전부터 알려져 있었으나, 우주에서 암흑 물질이 차지하는 보다 정확한 비율은 이때 밝혀졌다. – 역자 주

미치는 중력적인 영향을 통하여 탐지할 수 있다. 이보다 더 놀라운 발견은 우주가 팽창하는 속도가 점점 더 빨라지고 있고, 그것이 우주의 약 70퍼센트를 차지하는 암흑 에너지 때문이라는 사실이다. 다시 말해 우리가 어떤 식으로든 직접 관측할 수 있는 보통 물질은 우주의 5퍼센트에 불과하고, 우주의 95퍼센트는 전혀 볼 수 없다는 말이다!

마지막으로, 빅뱅의 첫 순간부터 생명을 향한 충동impetus이 있었을 것이라고 추정하는 학자들도 있다. 태초에 우주가 펼쳐져 나온 속도가 1조의 1조 분의 1퍼센트라도 느렸더라면 중력의 힘이 너무 커서 무언가 의미 있는 사건이 일어나기도 전에 우주는 자기 안으로 붕괴하고 말았을 것이다. 반대로 펼쳐지는 속도가 1조의 1조 분의 1퍼센트라도 더 빨랐더라면 중력이 끌어당기는 힘이 너무 약해서 무엇인가 만들어지기 전에 물질이 사방으로 흩어져 버렸을 것이다. 우주가 탄생하던 바로 그 순간부터 내내 생명을 향한 의도성intentionality이 있었다고 봐도 무리는 아니라는 것이다.

지난 세기 동안 이루어진 과학의 발견 덕분에 우리가 '창조'를 이야기하는 방식도 달라졌다. 즉 우주에 대해 새롭게 알게 되면서 다시 생각하거나 새로 이해해야 할 여러 이미지와 은유가 생겨났고, 우리 주변의 생명에 대해서도 관심이 확대되었다. 예수님께서 비유로 말씀하시면서 듣는 이들에게 자신이 누구이며 자신들이 맺고 있는 관계가 어떤 의미인지 스스로 생각하도록 하신 것처럼 새로운 우주 이야기도 우리에게 새로운 생각을 주문하는 것이다.

일상으로 스며들어 우리 삶의 일부가 되고 있는 이런 지식과 이미지를 어떻게 받아들여야 할까? 주변에서 놀라운 일과 마주칠 때처럼 놀라고 감탄하면서, 깜짝 놀라는 게 옳을 것 같다. 경이로움 앞에서는 "와…." 하고 탄성을 터뜨리는 것 외에 다른 어떤 반응이 필요치 않다. 종교적 신념과 상관없이 우리 자신보다 더 깊고 우리의 창의력과 재능으로 파악할 수 있는 것보다 더 넓은 신비 안에서 우리가 이제껏 살아온 것은 분명하다.

'한없는 경이로움'이라는 표현은 아브라함 헤셸Abraham Heschel이 사용한 것으로, 그는 한없는 경이로움이야말로 생명을 대하는 종교적인 태도의 주된 특성이자 우리가 신을 체험할 때 나오는 적절한 응답이라고 했다. 우리와 신을 깊이 연결하는 통찰은 "현학적 사유가 아니라 한없는 경이로움과 깊은 경외감으로 신비에 대한 우리의 감성에서, 형언할 수 없는 것을 자각하는 데서 온다."[3] 한없는 경이로움을 통해 "영혼에 엄청난 일들이 일어나는" 차원으로 이끌리게 된다.

시작은 경외감과 경탄을 느끼게 한 사건이었을지 모르지만, 한없는 경이로움은 그 사건을 넘어선다. 헤셸은 "모든 실재reality, 즉 우리가 보는 것뿐 아니라 보는 행위와 자신의 볼 수 있는 능력에 감탄하는

---

[3] Abraham Joshua Heschel, *God in Search of Man*(New York: Farrar, Straus and Giroux, 1955), 117.

우리 자신까지, 그 모든 것"을 한없는 경이로움의 대상으로 보았다.

개인적으로 헤셀이 말하는 것을 체험한 적이 있다. 노스캐롤라이나 주에 있는 친구의 집에서 피정을 하고 있을 때인데, 도심에서 멀리 떨어진 고도 1,700미터가 넘는 산꼭대기 친구 집에서 본 밤하늘은 칠흑같이 깜깜했다. 해거름도 한참 지난 어느 날 저녁, 나는 마당에 나와 구름 한 점 없는 하늘을 올려다보았다. 머리 위에 은하수가 펼쳐져 있었다. 장관이었다. 어린 시절 이후 그렇게 맑고 깨끗한 밤하늘은 처음이었다. 별빛으로 수놓인 카펫을 보고 있자니 나도 모르게 신비로 빨려 드는 것 같았다. 숨이 막힐 듯 경외감에 휩싸이는 그 순간 내 몸과 별 사이에는 아무런 거리가 없었다. 나와 신비는 하나였다. 그야말로 현묘한 경이로움의 순간이었다!

그 느낌은 집 안으로 들어갔을 때도 계속되었다. 그 순간이, 그 별빛이 내 안으로 들어온 그 만남의 순간에 느낀 환희에 찬 경이로움은 아직도 내 가슴에 남아 있었다. 나는 그때 무언가를 볼 수 있고 또 경험한 것을 비춰 볼 수 있는 은총이 주어진 것에, 그리고 과거의 경험에 비추어 새로운 비전을 세울 수 있는 능력이 있다는 사실에 경탄하였다. 나아가 나는 예전에 존재했던 모든 것들과 지금 존재하는 모든 것, 그리고 앞으로 올 미래의 모든 것들과도 연결되어 있다는 것을 깨달았고 그 깨달음에 전율했다. 무언가 위대한 일이 실제로 내 영혼에 일어나고 있다는 것을 알았기에 한없이 경이로운 순간순간에 충실한 관상의 삶을 선택할 수 있었다.

삶의 모든 순간에서, 세대를 넘어 이어지는 모든 체험 안에서, 알아차리는 단계마다 우리는 매 순간 하느님을 만나는 신묘한 경이로움으로 초대받는다. "이것은 앎의 시작이 아니라 지식을 넘어서는 행위이기에 지식 습득으로 끝나지 않고 삶의 태도로 이어진다." 한마디로 한없이 경이로운 태도는 우리가 살면서 추구해야 하는, 늘 깨어 비전을 향해 가는 삶의 방식이 되어야 한다.

「고요한 외침The Silent Cry」에서 독일의 신학자 도로테 죌레Dorothee Soelle는 "세상을 발견하는 매 순간 우리는 환희, 즉 일상의 사소함 뒤에 숨겨져 있던 한없는 경이로움에 빠져들게 된다."[4]고 하였다. 베일처럼 가려져 있던 사소함이 찢어지고 비전이 분명해질 때, 모든 생명이 연결되어 있음을 비로소 인식하게 되는 것이다. 이 진실은 현대 과학에서도 밝혀졌지만 고대 신비주의에서 이미 가르쳐 온 것이기도 하다. 우리 모두는 이루 형용 할 수 없을 정도로 '거룩한 신비' 안에서 서로 긴밀하게 연결되고 서로가 서로를 포용하고 있는 하나이다.

죌레는 한없는 경이로움을 느낄 때가 관상이 시작되는 지점이라고 한다. 우리는 흔히 관상을 영적으로 타고나 기도가 깊은 수준에 도달한 사람들이나 할 수 있는 종교적인 영역이라고 생각한다. 하지만 그렇지 않다. 기도를 하다 보면 거치게 되는 단계가 있기는 하지만 내가 여기서 말하는 관상은 누구나 할 수 있는 것이다. 쉽게 말해 관상은

---

[4] Dorothee Soelle, *The Silent Cry*(Minneapolis: Fortress Press, 2001), 89.

'실재를 사랑스런 눈길로 오랫동안 바라보는' 것이다.

요즈음 우리는 뭐가 그리 바쁜지 무엇 하나 제대로 바라보는 법이 없다. 본다 해도 흘낏 쳐다보는 게 전부이다. 얼마 전에 친구가 손녀 또래인 네 살배기와 있었던 일을 들려주었다. 자기가 받는 관심이 부족하다고 느꼈던지 아이가 친구의 무릎에 기어오르더란다. 그리고는 친구 얼굴을 두 손으로 잡고 자신을 보게 하더니 "나 좀 바조요(Wook at me)!" 했다고 한다. 눈앞의 것을 바라보는 것이 중요하며 한없이 경이로운 것을 제대로 알아차리지 못하고 그냥 지나칠 때 무엇을 잃어버리는지를 잘 아는 네 살배기 아이야말로 타고난 관상가이다.

관상에는 사랑의 눈길도 필요하다. 간혹 잠시 멈춰 주변이나 내면 세계에 관심을 보일 때조차 사랑을 담지 않을 때가 많다. 스스로나 다른 이들을 못마땅하게 여기는 마음에는 경이감이 빠져 있다. 연민과 자비가 사라지고 그 자리에 질책하고 판단이 들어선 것이다. 한없는 경이로움에서 흘러나오는 관상의 태도를 가질 때 우리는 사랑으로 가득 채워진다. 사랑은 세상 모든 것을 지으신 창조주요, 경이로움을 멈출 수 없고, 우리 안과 밖과 주변에 아낌없이 사랑을 쏟아부으시는 거룩한 신비이다.

관상은 실재하는 것을 길고 오래 바라보는 것이다. 우리는 얼마나 자주 진짜 같아 보이는 가짜에 속아 넘어가던가. 우리는 너무 오랫동안 가짜를 과시하고 날조된 번쩍이는 것들이 번성하는 문화 속에서 살아왔다. 겉치레에 열중하고, 사소한 것들이 차고 넘치는 생활방식에 빠져 방향을 잃고 인간성의 바닥을 드러내고 있다. 껍데기의 유혹에 빠져 많이 가질수록 자유로워질 것이라 생각하지만 실상은 점점 더 자유를 잃어가고 있다. 한없는 경이로움을 체휼하고, 그 속에 푹 잠기는 수행과 함께할 때 우리는 진짜와 쓰레기를 구별할 수 있게 된다. 관상적인 깨달음 안에서 사랑에 뿌리내리고 있을 때 비로소 우리는 모든 문화적인 제약에서 자유로워지게 된다. 그리고 모든 현실의 중심에 놓인 진실, 즉 우리 모두가 하나라는 사실을 받아들이게 된다.

관상으로의 초대는 새로운 것이 아니지만, 우리 시대에 특히 더 시급한 것이긴 하다. 관상의 태도로 살라는 초대는 모든 이에게 해당된다. 우리는 흔히 그런 수행이나 생활방식은 '종교적'이거나 '영성적'인 사람들에게나 해당되는 것으로 치부한다. 하지만 누구나 볼 수 있는 눈을 가졌기에, 그저 비전을 갖고 살겠다는 선택만 하면 된다. 그리고 분명한 것은 우리 모두 관상적이 되어야 한다는 점이다. 단순히 성찰하고 기도하는 관상이 아니라 언제든지 창조의 신음소리에 사랑으로 응답할 수 있도록 정신 차리고 깨어 있는, 삶 자체가 관상이 되게 하여야 한다. 인류의 삶과 미래는 우리가 이렇게 살 수 있느냐 없느냐에 달려 있다.

관상적인 삶과 수동적인 삶을 혼동해서는 안 된다. 인류의 신앙 전통 안에서 관상은 기도와 성찰의 열매로 우리를 항상 시험해 왔다. 단지 마음속으로가 아니라 세상에서 만나는 모든 것들과의 관계에서도 늘 응답을 요구해 왔다. 때로는 우리의 피와 땀과 눈물을 요구하고,

우리 자신이 죽고 또 죽음으로써 모든 피조물을 살리라고 요청한다. 그럴 수 없다면 쓸모없는 동정일 뿐이다. 제대로 된 관상은 수동적이되어 모른 체하는 것이 아니라, 성령의 은총으로 사랑이 충만해져 열정을 가지고 적극적으로 참여하는 것이다.

한없는 경이로움은 무엇보다 관상적으로 살라는 초대이다. 경외감에 차 비전을 세우고 적극적이고 열정적으로 또 연민으로 응답하라는 초대이다. 시간이 많지 않다. 주변의 수많은 피조물들이 긴박한 상황에서 손을 내밀어 달라고 우리에게 신호를 보내고 있다. 루카 복음서에서 예수님은 "누구든지 나에게 오면서 자기 아버지와 어머니, 아내와 자녀, 형제와 자매, 심지어 자기 목숨까지 미워하지 않으면, 내 제자가 될 수 없다."(루카 14,26)고 하셨다. 가혹하게 들릴지 모르지만, 1세기 팔레스타인의 현실에서 예수님은 당신의 말씀을 타협 없이 온전히 실천해야 한다는 절박감에 사로잡혀 계셨던 것 같다. 마찬가지로 오늘날의 우리에게는 서구 사회에서 자라면서 배운 낡은 패러다임을 벗어나라고 요청하신다. 예수님의 말씀은 부모의 양육 방식이나 가족의 기능과 역기능에 대해 판단도 아니고, 가족 관계를 진지하게 여기지 않아도 괜찮다는 의미도 아니다. 다만 시대의 표징을 인식하고 이제와는 다른 새로운 방식으로 살라는 뜻이다. 눈앞의 현실만 보는 근시안적인 시각을 버려야 하고, 우리를 느긋하게 해 주던 환상에서 벗어나야만 한다. 여태껏 느끼던 것보다 훨씬 더 큰 가족과 연결되어 있다는 사실을 볼 수 있도록 감각을 넓혀야 한다.

우리의 태도와 행동은 더 이상 실재를 반영하지 않는 사고방식에 뿌리를 두고 있다. 너무도 오랜 시간 우리는 이분법적이고 계층적으로, 또 이것 아니면 저것이라는 식의 사고에 갇혀 있었고, 그로 인해 지금 우리를 위협하는 문제들을 만들어 냈다. 우리는 몇 개의 부분들로 이루어진 기계 장치가 아니라 서로 의존하는 홀론Holon[5]들로 연결되어 있다. 하지만 우리는 우리를 '길러 낸' 개인주의와 역기능적인 시스템을 고수하며 우리가 살아온 대로 자신은 물론 다른 이들까지 끔찍이 파괴하는 '가족'의 전통을 이어 가도록 자식들을 판박이 벽돌처럼 찍어 낸다. 새로운 패러다임으로 전환하려면 몸을 던지는 헌신이 필요하다. 쉽지 않은 일이지만, 뼈를 깎는 정직성이 필요하고 두려움으로 모든 것을 통제하려는 습성을 포기해야 한다. 정말 어려운 일이지만 우리에게는 그 도전을 이겨 낼 능력이 있고, 어쩌면 생각하는 것보다 준비도 더 잘되어 있을지도 모른다.

새로운 세계관은 하느님을 상상하는 방식을 바꿔 놓을 것이다. 우리와 같은 생각을 하거나 그럴 의사가 있는 사람에게만 관심을 갖는 작은 하느님으로는 안 된다. 새로운 패러다임은 모든 피조물을 포함하고 또 광대한 우주를 다 품을 만큼 충분히 커야 한다. 이 새로운 비전에서 우리 모두는 연결되어 있고, 이 글을 읽고 있는 순간에도 계속해

---

[5] 홀론, 부분/전체. 모든 존재는 그 자체로 다른 존재와 구별되는 전체이면서 동시에 보다 복잡한 존재의 부분을 이루는 홀론이다. 8장 및 용어 설명 참조 - 역자 주

서 펼쳐지며 새롭게 창조하는 우주의 일부이다.

새로운 세계관에서는 진화를 성령의 힘이 내면에서 충동하는 창조적인 과정이라고 본다. 인간이 우주의 의식이라는, 우주가 스스로를 인식하는 방향으로 생성하고 탈바꿈하며 진화해 왔다는 점을 중요하게 여긴다. 의식을 가진 우리에게는 지구와 창조물들을 보살필 의무도 있다. 우리는 혼자 힘으로는 할 수 있는 게 없지만, 성령의 도우심을 받고 하느님의 은총 안에서 무한한 축복을 받고 있는 존재이기에 그리스도를 본받아 계속되고 있는 진화를 이어 갈 수 있다.

나는 과학이 알아낸 사실들과 새로운 우주 이야기에서 패러다임을 새롭게 구성하는 데 필요한 이미지와 은유가 있다는 것을 알게 되었다. 그렇게 해서 상상력이 더 커졌고 더 창의적으로 생각하게 되었다. 인간 중심적인 사고에서 빠져나와 우주 전체를 끌어안는 삶을 살도록 일깨워 주는 청사진을 가진 것이다. 과학은 신이 있는지 없는지를 '증명'하지는 않는다. 그것은 신학의 영역이다. 하지만 신앙인인 우리도 증거를 찾을 필요는 없다. 이미 진실이라고 알고 있는 것에 뿌리를 두고 일상에 보다 충실할 수 있도록 현실을 더욱 정확하게 반영하는 이미지를 찾으면 된다. 그리고 과학은 신앙이 가르치는 것들에 모순되지 않는다. 과학에서 발견한 것들이 새로울 수는 있겠지만, 우리가 이 책에서 다룰 것은 그리스도교 전통과 깊은 영적 수행에서 찾아낸 시대를 초월하는 진실이다. 책을 읽는 동안 여러분이 이런 진실들과 깊이 교감할 수 있기를 바란다.

내가 가진 하느님의 이미지를 소개하는 것도 의미가 있을 것 같다. 나는 내가 가진 이미지에 따라 하느님을 창조주, 지극히 거룩하신 분, 신비, 사랑, 빛 등의 다양한 이름으로 부르겠지만 가장 좋아하는 이름은 '불가사의한 신비'이다. 칼 라너 Karl Rahner는 우리가 가진 이미지나 은유, 정의를 뛰어넘는 분임을 표현하기 위하여 이렇게 불렀다. 우리 각자가 가진 하느님의 이미지에 따라 우리가 지극히 거룩하신 분과 맺는 관계, 우리 자신은 누구이고 세상에서 어떤 존재인지, 우리가 관심을 갖는 범위가 완전히 달라진다. 이 책에서는 하느님은 구체적인 이미지로 콕 집어서 이야기할 수는 없지만, 삶의 모든 면에 구체적으로 개입하는 거룩한 신비로 표현된다. **하느님이 '존재하는 모든 것 안에' 계시다는 말은 하느님이 모든 것이라는 의미(범신론)가 아니라, 하느님은 존재하는 모든 것 안에 계시면서(만유 내재신론) 모든 창조가 '이루어지도록**to become**' 부추기신다는 뜻이다.** 하느님은 초월적이면서 어느 특정한 것으로 동일시 될 수 없으며 존재하는 모든 것 안에 계신다. 나는 하느님이 곧 우주라고 생각하지는 않는다. 하지만 우주는 하느님이 우선적으로 드러나는 계시이기에 하느님과 분리될 수 없다고 본다.

나에 대해 조금 소개하자면, 나는 과학이 아니라 교육학과 종교학을 공부하고 그리스도교 영성을 전공하였다. 결혼한 중산층의 백인 여성으로서 교회와 세상에서 교회가 차지하는 위치나 교회에서 세상이 차지하는 위치, 그리고 어머니로서 자식들과 다음 세대의 미래에 관심이 많다. 기도가 필요하고 행동이 필요하다고 믿으며, 이들이 서로에게 도움이 되고 또 필요하다고 확신한다. 책을 읽을 때 독자들이 내용을 이해하기 위해 애쓰는 것처럼 나 또한 내 온 존재를 쏟아 깊이 생각하고 글을 쓰는 데 나의 온 역량을 다 쏟아부었다. 이 책에 담긴 나의 통찰이 여러분이 살면서 중요한 도전을 받고 응답할 때 도움이 되기를 바란다. 그런 의미에서 이 책을 읽은 이들이 관상하는 삶과 (지극히 거룩하신 분께서 우리에게 간절히 원하시는) 우리 모두 하나라는 진실을 받아들이는 마음을 공유하기까지, 이 책은 미완성일 수밖에 없을 것이다.

이 책에는 현대 과학이 발견한 것을 바탕으로 통찰한 내용이 담겨 있다. 많은 부분이 새로운 과학에 관한 것이지만 과학적인 발견을 알리는 것이 책의 목적은 아니다. 사실 과학이 발견한 사실을 훨씬 더 자세하고 광범위하게 다룬 책들은 이미 많이 나와 있다. **내가 바라는 것은 독자들이 이 책의 정보를 머리가 아닌 마음으로 받아들여 정보에 함축된 의미를 자신의 가치관에 적용하는 것이다. 그래서 따로따로 떼어서 생각하던 이제까지의 사고의 틀을 털어 내고, 모든 것이 연결되어 있다는 것을 새롭게 인식하고 모든 생명을 소중히 여기며 기존의 삶의 방식을 바꾸게 하는 새로운 패러다임을 가지게 되기를 바란다.** 혹시 이 책을 읽기 전부터 모든 생명이 서로 연결되어 있다고 생각하는 독자라면 여기 실린 성찰을 읽고 기도하면서 관상에 익숙해지기를 희망한다.

이 책에 담긴 통찰들은 사소한 일상 안에서 그지없는 경이로움을 찾아내고, 그렇게 드러나는 것에 좀 더 주의를 기울임으로써 보다 관상적으로 깨어 살아가는 데 도움이 될 것이다. 각 장의 앞머리에 인용한 성경이나 신비가의 글은 그 장에서 다루게 될 과학 발견과 관련이 있는 것들이다. 과학이 발견한 것들에서 느끼는 경이로움이 그리스도교 전통에서 오는 깨달음과 울림을 같이 하고 있다는 데 깜짝 놀라게 될 것이다. 이런 통찰을 통해 개인은 물론 세상을 변화시키는 열쇠가 되는 관상의 경지를 높여 줄 것이다.

각 장의 말미에는 독자들이 소개된 내용을 잘 이해하고 보다 의식적으로 삶과 통합하는 데 도움이 되도록 관상으로 이끄는 성찰을 두었다. 이 책에서 관상하는 삶을 권유하는 이유는 그것이 우리를 구원하고 변화시킬 열쇠이기 때문이다. 각 장은, 그 장에서 다룬 내용을 되짚어 보고 그 모든 발견의 중심에 계시는 창조주께로 돌아가는 기도로 끝을 맺는다. 가능하다면 책을 읽는 동안 떠오르는 생각과 느낌을 기록해 보고, 낡은 세계관에서 벗어나 모두에게 생명을 주는 새로운 패러다임을 살고자 하는 여러분의 염원을 다른 이들과 나누는 것도 좋겠다. 그런 대화를 많이 하는 것은 다른 사람을 격려하고 지지하는 장을 마련하는 것이기도 하다. 우리에게는 주변의 에너지를 바꿀 수 있는 능력이 있다. 이 능력을 결코 과소평가하는 일이 없기를, 그리고 한없는 경이로움의 원천인 지극히 거룩하신 분 앞에 늘 열려 있기를 기원한다!

첫 번째 이야기

우주론

내 손이 땅의 기초를 놓았고
내 오른손이 하늘을 펼쳤다.
내가 그들을 부르면
다 함께 일어선다.

― 이사 48,13

우리가 살고 있는 우주의 진화라는 성스러운 이야기를 배우는 것은
문화/종교의 이야기를 배우는 것만큼이나 중요하다.
매일 우리는 인류가 가장 잘하는 일을 시작하게 될 것이다.
경탄하고 경배하라! 깨어 관상하며 우주의 경이로움에 매료되라!

― 메리 사우사드Mary Southard, CSJ

자신이 어디에 있는지 모르면서 자기가 누구인지를 알 수는 없는 일이다.

― 폴 셰퍼드Paul Shepherd

　의식의 여명기부터 인간은 중요한 질문을 던져 왔다. "우리는 누구인가?" "우리는 어디에서 왔나?" "우리는 어디르 가고 있나?" 일찍이 인간은 밤낮으로 하늘에 가득한 천체들에 매혹되었다. 뿐만 아니라 별들과 연결되어 있다고 느꼈다. 어째서인지는 알 수 없지만 그런 질문들과 별이 연결되어 있다고 느꼈고, 그것은 우주의 근원과 의미, 그리고 그 안에서 우리의 자리를 표현하고자 한 많은 창조 이야기에 분명하게 드러나 있다.

　이야기는 역사상 존재한 모든 문화가 인간의 의식과 세상을 체험하며 묻게 되는 것들에 대한 하나의 응답이다. 우주의 기원과 발전에 관한 연구에서 나온 이야기인 우주론은 우리가 누구이며 존재하는 의미가 무엇인지를 다룬다. 과학을 포함하지만 과학이나 실증적인 수단을 넘어 우리 존재의 목적과 의미를 탐색한다. 우주론은 이야기를 통해 존재의 바탕을 가리킴으로써 궁극적인 관심을 표현하기는 하지만, 보통 종교적인 체험에서 시작해 신과의 만남을 체계적으로 탐색하는 신학과 같지는 않다. 우주론은 "우주의 탄생과 발전과 운명에 관한 이야기로, 인간이 이 위대한 드라마 안에서 자신의 역할을 확인하는 과업을 달성하도록 돕는 것이 그 목적이다."[6]

이야기에는 힘이 있다. 우리가 이야기하는 서사에는 은유와 상징으로 삶의 더 깊은 차원에 말을 걸어 정신을 형성하고 도덕성과 윤리를 형성하는 힘이 있다. 신화라고도 불리는 성스러운 이야기들은 특정한 문화가 가진 지혜를 표현하고, 이야기가 묘사하는 원체험에 담긴 심오함을 일부 드러낸다. 이런 진리를 간파한 예수님은 당신을 따르는 이들을 가르칠 때 비유를 많이 사용하였다. 잃어버린 아들이 돌아오기를 기다리는 아버지의 마음이나 좋은 땅과 나쁜 땅에 떨어진 씨앗이 어떻게 되는지를 이야기할 때 사람들은 예수님의 이야기에 깊이 빨려 들어간다. 듣는 동안 전에는 들어 보지 못한 진실이 드러나기 시작하고, 자신들이 익숙한 패러다임에서 부족한 것이 무엇인지를 알게 된다. 이렇게 드러나는 진실을 조금이라도 맛본 사람은 세상에서 자신이 어떤 존재인지 그리고 어떻게 살아야 하는지에 대해 깊이 생각하게 된다. 생각을 신선하게 확장시켜 준 이 새로운 실재 reality 안에서 살아가라는 도전을 받게 되는 것이다.

예수님이 던지신 도전은 듣는 이들에게 자기가 누구인지를 생각해 보도록 하는 것만이 아니었다. 예수님은 하느님이 어떤 분이신지도

---

[6] Brian Swimme, *The Hidden Heart of the Cosmos: Humanity and the new Story*(Maryknoll, NY: Orbis Books, 1996), 98.

다시 생각해 보게 했다. 예수님이 전한 모든 이야기는 하느님을, 당신께서 '아버지'라 부르신 실재를 일부 드러내 보였다. '아버지'라는 이미지도 실은 신학자 칼 라너가 '불가사의한 거룩한 신비'라고 부른, 우리가 '하느님'을 담으려는 어떤 틀도 넘어서는 궁극의 실재에 대한 은유였다. 예수님의 이야기들은 현실의 또 다른 면으로 사람들을 끌어들이는 능력이 있었고 사도들과 우리에게 하느님 나라, 즉 연민과 사랑을 특징으로 하는 비전에서 흘러나오는 삶의 방식, 바로 지금 여기에서의 삶의 방식, 풍성하고 충만하며 너무도 경이로운 삶의 방식이 가능하다는 것을 보여 주었다.

종교와 과학이 각자의 길을 가기 시작한 17세기 이래, 한쪽의 진리와 다른 쪽의 이야기는 양립할 수 없다고 생각되어 왔다. 그 결과 우리는 경험하는 것들을 칸칸이 나눠 놓고 조심스럽게 구축해 온 구조를 부수거나 환상을 깨뜨릴 충돌이 일어나지 않기를 바라는, 일종의 정신분열적 상태로 살아온 것이다. 성서 학자인 안토니 파도바노Anthony Padovano는 살고 일하는 세상과 믿고 기도하는 세상이 다른 것은 건강하지 않다고 말했다. 하지만 우리가 바로 그렇게 살고 있다. 우리는 과학이 진실의 한 면을 이야기하는 세상에서 살며 일하고, 종교가 나름의 진실을 이야기하는 또 다른 세상에서 믿고 기도하고 있다. 그리고 때로 이 둘은 서로 무관한 것처럼 보이기도 한다.

만약 우리가 믿음과 기도가 아무런 의미가 없는 세상에서 살며 일하고 있다면, 우리의 믿음과 기도가 '저 바깥' '진짜' 세상에서 진실이라고 알고 있는 것과 공명하지 않는다면 우리를 지지하고 키워 줄 것은 아무것도 없는 셈이다. 우리가 믿고 기도하는 방식이 살며 일하는 세상과 아무런 접점이나 관련이 없다면 우리의 삶은 아무런 의미도 목적도 없는 것처럼 느껴질 수 있다. 생활하며 일하는 세상과 믿고 기도하는 세상이 다르다면 우리의 삶은 파편화되고 분리되어, 심하면 진정한 생명을 주는 것으로부터 소외되어 버릴 수 있다. 나는 새로운 우주론이 과학과 종교 사이의 균열을 화해시키고, 우리의 삶을 불필요하게 찢어 놓는 긴장과 갈등 없이 보다 전일적으로holistic 살 수 있도록 도와줄 수 있다고 믿는다.

예전의 우주론

다음 장章에서 새로운 우주론을 살펴보기 전에 새로운 우주론이 나오게 된 배경을 먼저 살펴보자. 오늘날 우리가 알고 있는 것들은 지난 세기 동안 묻고 답한 탐구의 결과이다. 답을 얻을 때마다 매번 새로운 질문을 하고 탐구하며 한 걸음 한 걸음 더디게 진화해 왔다. 예전의 우주론을 구성한 뼈대이자 새로운 우주론이 탄생하는 바탕이 된 사실들을 아래에 간략하게 소개한다.

고대 그리스에서 우주에 관한 권위자였던 아리스토텔레스(기원전 384-322)는 실제 관측과 이성적 사고에 기반을 둔 방법론을 사용했고,

그래서 흔히 최초의 과학자로 여겨진다.[7]

아리스토텔레스의 우주론에서 천국과 지상은 완전히 분리되어, 천상은 완벽함을 구현하는 반면 지상은 불완전함을 나타냈다. 천상의 것과 지상의 것은 완전히 다른 별개의 실재였다. 다른 고대인들처럼 그도 지구가 우주의 중심으로 다른 천체들이 모두 지구 주위를 돌고 있다고 믿었다.

관측 기술이 더 발달하면서 행성들이 예측과 달리 원 궤도를 따라 움직이지 않는다는 것을 알게 되었다. 또 다른 그리스의 천문학자인 알렉산드리아의 프톨레마이오스(기원후 127-151)는 행성의 움직임을 좀 더 정확하게 묘사하기 위해 원 안에 원이 있는 시스템을 고안했다. 이후 1500년 동안 이 시스템은 우주를 설명하는 결정적인 모델이었다.

중세에 처음 등장한 주요 인물로는 폴란드의 천문학자 니콜라스 코페르니쿠스(1473-1543)가 있다. 코페르니쿠스는 죽기 직전에 발간한 「천구의 회전에 관해 *De revolutionibus orbium coelestium*」라는 저서에서 지구가 지축을 중심으로 매일 한 바퀴씩 돌고 태양 주위를 1년에 한 번씩 공전한다고 주장했다. 이 주장은 지구가 고정되어 있고 우주의 중심이라는 당대의 지배적인 생각 두 가지를 한꺼번에 뒤엎는 것이었다.

---

[7] 과학적 연구 방법의 세 번째 요소는 관측 결과가 맞는지 틀렸는지를 증명하는 '체계적인 검증'으로, 르네상스 시대가 되어서야 나타났다.

하지만 그런 그도 여전히 멀리 있는 별들이 태양계 주위의 띠를 구성하며 고정되어 있는 천체라고 믿었다.

「천구의 회전에 관해」는 교황 바오로 3세에게 헌정되었지만, 1616년 금서 목록에 올랐다가 1835년에야 금지령이 풀렸다. 일개 천문학자의 생각이 그토록 위험하게 취급된 이유는 무엇일까? 그것은 코페르니쿠스가 밝힌 것이 그저 흥미로운 천문학적인 발견에 그치지 않고 인간이 스스로를 보는 방식을 바꿔 놓는 것이었기 때문이다. 그리스도교의 창조 이야기는 하느님이 인간을 우주의 중심에 두어 창조계를 지배하게 했다고 해석되어 왔다. 그런데 우리가 우주의 중심이 아니라니, 얼마나 충격적인 이야기인가!

코페르니쿠스가 주장한 것은 17세기 초가 되어서야 증명되었다. 1609년 이탈리아의 과학자 갈릴레오 갈릴레이(1564-1642)는 망원경을 만들었다. 밤하늘로 망원경을 돌린 그는 지구가 태양 주위를 돈다고 한 코페르니쿠스의 주장처럼 목성 주위를 돌고 있는 네 개의 위성을 발견했다. 이렇게 코페르니쿠스의 이론을 확인한 것 외에 갈릴레오는 금성이 우리 달처럼 위치에 따라 보이는 모양이 바뀌고 태양 표면에 점 혹은 흠집이 있다는 것도 밝혔다. 갈릴레오의 관측을 통해 천상과 지상이 두 개의 완전히 다른 실재라는 생각이 무너지기 시작했다. 태양은 더 이상 완벽하지 않았고, 천체의 움직임도 완벽한 원으로 설명할 수 없었다. 갈릴레오의 연구 결과로 천상과 지상의 거리는 줄어들기 시작했고, 이로 인해 인간이 우주와 자신을 어떻게 보는가에 대한 인식이 크게 바뀌게 되었다. 17세기 말에 이르면 인간은 더 이상 자신이 우주의 중심이라 생각할 수 없게 되었고, 천상과 지상은 그렇게 다른 게 아니라고 생각하게 되었다.

갈릴레오의 마지막 발견은 아이작 뉴턴으로 이어졌다. 갈릴레오는 물질의 자연스런 상태는 어디에 붙박여 고정되어 있는 것이 아니라 움직이는 것이며 또 그렇게 움직이는 상태를 계속 유지하려 한다는 이론을 제시했다. 나아가 물질이 무작위로 움직이는 것이 아니라 일정한 속도로 직선 운동을 한다고 주장했다. 이 이론은 나중에 뉴턴이 물리 법칙을 공식화하는 데 결정적인 도움이 되었다.

아이작 뉴턴(1642-1727)은 우연히도 갈릴레오가 죽은 해인 1642년에 태어났다. 그는 운동 법칙들과 만유인력을 발견하고, 근대 과학을 태동시킨 영국의 과학자이자 수학자이다. 1687년 뉴턴이 발표한 「자연 철학의 수학적 원리 프린키피아」는 지금까지 나온 과학 책 중에서 가장 위대한 것으로 여겨진다. 뉴턴은 하늘의 천체들이 지구와 같은 물리 법칙 하에서 움직인다는 사실을 발견했다. 지구와 완전히 '다른' 완벽한 천국에 대한 믿음이 조금이라도 남아 있었다면 이 발견 앞에서 무너질 수밖에 없었다. 뉴턴의 머리 위에 떨어졌다고 알려진 사과와 달은 같은 중력이라는 힘의 영향을 받는다.

뒤이은 위대한 과학 발견과 기술 발전의 시대에 거시 세계와 미시 세계를 탐색하는 도구들은 점점 더 복잡해졌다. '보이지 않음'을 뜻하는 원자를 현미경으로 발견하게 되었고, 과학자들은 원자가 만물을 구성하는 가장 기본적인 요소라고 믿었다. 사물들을 분리해 가장 작은 구성 요소로 환원시키고 실험을 통해 가설을 시험하는 관찰이 이 시기의 지배적인 과학 탐구 방법이었다. 우주가 거시와 미시 수준으로 별 문제없이 단절되고 구분되는 물질 단위로 구성되어 있다는 믿음에 기초하고 있었기 때문이다.

그리고 뉴턴 물리학에서는 완전히 객관적인 관찰이 가능하다고 보았다. 관찰자가 관찰 대상으로부터 분리되어 관찰 결과에 아무런 영향을 미치지 않는 것이 가능하다는 것이다. 이런 태도에서 자연과 우주는 우리가 지각하고, 결정하고, 예측할 수 있는 물질로 구성된 기계로 볼 수 있다는 생각이 나왔다. 그래서 진보라는 이름으로 쉽게 자연을 착취할 수 있게 되었고, 우리가 지금 당면한 시대의 많은 문제들이 생겨나게 되었다.

뉴턴이 발견한 것들에서 과학이 실재를 어떻게 보느냐 하는 것이 우리의 정신에 얼마나 깊이 파고들었는지 볼 수 있다. 뉴턴이 물리의 영역이 불변의 법칙의 지배를 받는다고 한 것처럼 지그문트 프로이트는 심리의 영역도 불변의 법칙의 지배를 받는다고 주장했다. 원자를 분리할 수 있는 경계가 있는 물질의 단위로 본 이론을 사용해 철학자 존 로크는 공동체보다 개인이 우선한다고 했다. 이성적 사고와 '객관적인' 과학 방법만이 세상을 보는 타당한 방법이라고 보았다. 그 결과 직관과 정서, 예술 표현과 신성의 체험은 진짜가 아닌 쓸모가 없거나 유해한 것으로까지 평가 절하되었다.

이런 생각들이 우리 정신으로 파고들어 자리 잡으면서 인간은 이전 시대에 길잡이가 되었던 신념들을 바꾸기 시작했다. 이런 경향은 서구 사회에서 강하게 나타났다. 생명이 분리할 수 있는 물질의 단위로 이뤄져 있다는 믿음이 스며들면서, 공동체보다 개인을 우선으로 여기게 되었다. 신성의 체험을 의심의 눈으로 보게 되면서 우리 삶의 깊은 차원에 말을 걸던 신화와 의례는 주변으로 밀려났다. 인간 생활에서 자연은 큰 의미를 잃어버렸고, 더 이상 신을 드러내는 계시가 아니라 인간이 정복할 대상이자 소비할 자원으로 전락하게 되었다. 우리와 신성과 자연이 연결되어 있다는 감각은 우리의 근원적인 실재를 구성하는 데 결정적이다. 하지만 우리는 이런 감각을 거의 다 잃어버렸다. 우리 시대에 소외가 만성적인 질병이 된 것이 놀랍지 않은 이유이다.

20세기와 21세기에 이뤄진 과학 발견을 보면 우리가 우주 이야기를 하는 방식을 바꾸지 않을 수 없다. 예수님께서 당시의 관습과 다르게 세상을 보도록 청중에게 문제의식을 던지셨던 것처럼, 우주 이야기를 다르게 한다는 것은 신과 우리 주변에 있는 것들과의 관계를 다시 생각하도록 한다. 우주를 정적이고 고정된 기계적인 이미지로 보는 이전의 우주 이야기는 과학이 발전하고 오늘날 많은 것을 발견하는 데 기초가 되기는 했지만, 더 이상 생명력이 없다. 물질의 본질에 대해 새롭게 알게 될수록 더 이상 물질을 분리할 수 있는 부분과 부품으로 볼 수 없게 된다. 마찬가지로, 개인이 공동체보다 우선하고 그 위에 있다고 보는 것은 환상이다. 여러모로 정확한 면도 많지만 세상을 기계로 보았던 뉴턴의 견해는 어쨌거나 불완전하다. 자연을 제대로 이해하지 못하면 신과 우리 자신을 제대로 이해할 수 없다.

우주 이야기를 어떻게 하는지도 결코 과소평가할 수 없는 중요한 부분이다. 우리의 삶은 살면서 겪게 되는 다양하고 풍성한 경험을 나누는 관습에 뿌리를 두고 있다. 이야기를 나누면서 우리는 우리가 누구이고 어디서 왔는지, 우리가 품은 가장 큰 희망과 가장 깊은 두려움은 무엇인지 등등 서로에게 관심을 갖고 살펴보게 된다. 이야기를 나누는 동안 관계는 돈독해진다. 따라서 누군가에게 자신을 편하게 내보일 수 없다면 그것은 관계가 깨졌다는 확실한 신호일 것이다. 과학의 발전으로 우리는 우주에 대해 점점 더 많은 것을 알게 되었다. 그만큼 우리가 우주와 맺은 관계가 더 깊어져 서로를 더 많이 드러내고 나누는 단계로 접어들었다고도 말할 수 있다. 우리는 우주에 대해 더 많은 사실들을 알게 되었을 뿐 아니라, 우주가 움직여 온 방향을 인식하며 우주가 깊이 열망하는 것들을 직감하기 시작했다. 우리는 우주가 품은 생명을 향한 가늠할 수 없는 깊은 열정을 만나게 되었고, 우주가 드러낸 가장 어두운 비밀의 한 조각과 형언할 수 없이 아름다운 면들을 알게 되었다. 우주의 이야기에 귀를 기울일 때 사랑에 빠지지 않을 수 없다. 그 사랑은 응답을 요구하고, 서로가 서로를 살아가도록 보살펴 주는 관계를 맺도록 요청한다.

새로운 이야기를 알게 된 답으로 때로 나는 우주에게 내 이야기를 털어놓는다. 내 어린 시절을 들려주고, 한밤에 잔디에 누워 별을 올려

다보면 손 안에 별들을 모아 반짝이처럼 흩뿌릴 수 있을 것 같았다고 이야기를 나눈다. 별들을 보면 언제나 나를 받아 주는 것 같아서 안전하다고 느꼈고 거대한 신비의 일부가 된 것 같았다고 털어놓는다. 언제나 별과 이어져 있다고 느꼈다고, 얼마 전 동트기 전에 일어나 담요를 몸에 두르고 해가 떠올라 목성의 빛이 바랠 때까지 바라보았다고 전했다. 내가 우주의 이야기를 받고 우주가 내 이야기를 들으면서 우리는 친한 친구가 되었다.

옛 우주론은 빠르게 사라지고 있다. 하지만 토마스 베리Thomas Berry가 지적한 것처럼, 우리는 여전히 이야기와 이야기 사이에 있다. 예전의 것은 더 이상 우리가 진실이라고 알고 있는 것과 공명하지 않는다. 새로운 우주론은, 우리가 깊이 경외감에 빠져 있을 때라도 아직 편하지 않다. 우리가 할 일은 우리 자신은 물론, 미래의 세대를 위해서 새로운 우주 이야기를 통합하고 받아들여 거기에 담긴 모든 함의를 살아 내고 우리 자신의 이야기와 함께 엮어 내는 것이다. 언젠가 자기 안에 우주의 광대함을 담을 공간을 만들지 않고서는 성숙할 수 없다고 믿는, 미국 원주민의 이야기를 들었다. 밤하늘의 별을 보는 것은 그렇게 내 안에 온 우주를 담을 공간을 만드는 데 도움이 된다. 우주가 우리에게 스스로를 드러내 보이고, 그 이야기를 들으면서 우리는 탈바꿈하게 된다. 우주를 반갑게 맞이하고 우주의 이야기를 들으면서 우리의 이야기와 엮어 간다. 또 우리가 가진 가장 중요한 관계인 삶과의 관계 자체를 보살피는 데서 한없는 경이로움이 시작된다.

성찰
관상

여러분이 삶은 이러이러한 것이라고 정의하는, 그렇게 여러분의 삶을 지배하는 이야기는 무엇인가요?

눈앞에 여러분의 전 생애가 펼쳐지고 있다고 상상해 보세요. 무엇이 보이나요?

우주를 기계적으로 보는 예전의 모델이 작동하고 있는 곳이 있습니까?

사물들이 고정되어 제자리에서 변하지 않기를 원합니까?

여러분의 삶 속에서 분리되고 동떨어져 다른 사람들 또는 창조로부터 단절되어 있는 부분이 있습니까? 그에 대해 어떻게 느낍니까?

바꾸고 싶은 것이 있습니까? 어떻게 하면 그렇게 바꿀 수 있을지 생각해 보세요.

이 장에서 여러분이 받아들이기 어렵거나 저항을 느꼈던 내용은 무엇입니까? 한없이 경이로운 부분은 어디입니까?

경이
로움

잠시 고요히 앉아 있도록 합니다. 성령께서 여러분에게 어떤 것을 보여 줍니까? 여러분은 어떻게 응답하겠습니까?

 기도

창조주 하느님,

때로 저희는 습관적으로 보는 것에 너무 익숙한 나머지

눈앞에 무엇이 있는지 제대로 보지 못할 때가 있습니다.

옛날 천문학자들이 그랬던 것처럼

저희는 세상이 고정되어

저희가 소중하게 간직한 현실에 대한 비전이

바뀌지 않기를 원합니다.

저희 방식대로 고정된 채 자족하고 있는 곳을 보여 주십시오.

저희가 마음을 열고

새로운 발견과 새로운 계시에 따라

바뀌어야 할 곳을 보여 주십시오.

저희의 의식을 확장시켜 주시고

당신의 손이 계속해서 만들어 내고 있는

광대한 우주를 향한 사랑이 깊어지도록 도와주소서. 아멘.

01
우주론

두 번째 이야기

새 우주론

RADICAL AMAZEMENT

하늘은 하느님의 영광을 이야기하고 창공은 그분 손의 솜씨를 알리네.
낮은 낮에게 말을 건네고 밤은 밤에게 지식을 전하네.
말도 없고 이야기도 없으며 그들 목소리조차 들리지 않지만
그 소리는 온 땅으로, 그 말은 누리 끝까지 퍼져 나가네.

— 시편 19,2-5

우리는 과학이 주요한 변화를 겪고 있는 시기에,
자연을 생명 없는 기계 같은 것이 아니라
생명 있는 유기체로 새롭게 이해하려는 패러다임의 전환기에 살고 있다.

— 루퍼트 셸드레이크Rupert Sheldrake

하늘은 하느님의 이야기를 전하고, 피조물들은 모두 우주의 아름다움과 장엄함에 경탄한다. 이 장에서는 새로운 우주론을 탄생시킨 발견들을 살펴보려 한다. 이 발견들은 사실 우주가 자신의 이야기를 우리에게 들려주는 것으로도 이해할 수 있다. 이 이야기는 하느님의 영광으로 가득하다. 수십억 년 동안 우주는 끊임없이 이야기를 들려주었다. 하지만 이제야 우리는 그 이야기를 듣고 이해할 수 있게 되었다. 오늘에 와서야 생명의 선물이 얼마나 경이로운지, 지구 전체로 퍼져 나가는 그 말을 인식하고 들을 수 있게 된 것이다.

새로운 우주론을 향한 문을 연 것은 코페르니쿠스와 갈릴레오, 뉴턴의 뒤를 잇는 과학자들이다. 점점 더 복잡해진 관측 기기 덕분에 우주의 광대함이 점점 더 드러나기 시작했다. 19세기에 천문학자들은 달까지의 거리가 약 38만 킬로미터이고 태양까지는 약 1억 5천만 킬로미터라는 것을 계산해 냈다. 1838년 천문학자 프리드리히 베셀Friedrich Bessel은 백조자리에 있는 별이 지구에서 약 6.2광년, 즉 62조 킬로미터 떨어져 있다는 것을 측정했다. 인간이 경험하는 우주의 크기가 점점 더 커지고 있었던 것이다!

　1900년에는 우리 은하수 은하가 우주의 전부라고 생각했고, 정확하게 어디인지는 모르지만 지구가 그 광대한 공간 어딘가에 있다고 믿었다. 하지만 우주의 크기는 그보다 훨씬 더 커질 참이었다. 망원경의 성능이 좋아지자 우리은하 안에 있는 희미한 구름을 볼 수 있었는데 천문학자들은 이를 '성운nebulae'이라고 불렀다. 그리고 그해 남부 캘리포니아의 윌슨 산에 있는 1.5미터 구경의 새 반사 망원경으로 대마젤란성운을 관측해 성운까지의 거리가 10만 광년이라는 것도 계산해 냈다. 빛이 1초당 30만 킬로미터의 속도로 움직이는 것을 생각하면 정말 엄청난 거리가 아닐 수 없다!

　1924년 에드윈 허블(Edwin Hubble, 1889-1953)은 2.5미터 구경의 훨씬 더 강력한 망원경으로 안드로메다 성운이 우리은하의 일부가 아니라 저 멀리 따로 떨어진, 수억 개의 별을 가진 은하라는 것을 확인했다. 게다가 우주에는 수백만 개의 은하가 있다는 것도 발견했다. 이제 우리는 우주에 수십억 개의 은하가 있고 각각의 은하마다 수십억 개의 별이 있다는 것을 알고 있다. 하지만 더 놀라운 소식이 우리를 기다리고 있었다.

　1920년대 중반에 우주에서 오는 빛의 성질을 연구하던 천문학자들은 새로 발견한 은하에서 오는 빛이 붉은색 쪽으로 이동해 있는 것을 알게 되었다. 적색 편이赤色偏移[8]라고 불리는 이 현상은, 그 은하가 지구에서 멀어지고 있다는 것을 가리킨다. 곧 과학자들은 다른 은하들도 우리에게서 멀어지고 있다는 것을 발견하게 되었다. 뿐만 아니라, 가장 멀리 떨어져 있던 은하가 멀어지는 속도는 초당 9만 6천 킬로미터나 되었다! 1929년 에드윈 허블은 우주가 팽창하고 있다는 놀라운 발표를 하게 된다.

벨기에의 물리학자이자 신부였던 조르주 르메트르는 우주가 팽창한다는 사실에서 우주에 시작이 있었다고 추정했고, 그것은 창세기와 일치하는 이야기였다. 1930년대 후반에 러시아계 미국인 물리학자 조지 가모프는 우주가 원자보다도 작고 밀도가 높은 입자에서, 지금은 빅뱅이라고 알려진 맹렬한 폭발로 시작되었다는 이론을 창안했다. 유다-그리스도교에서는 우주에 시작이 있다고, 즉 모든 생명이 생겨난 시작점이 있었다고 믿어 왔기에 과학이 그 믿음을 확인해 준 셈이었다.

태초에 어떤 폭발로 우주가 생겨났다는 빅뱅 이론은 1964년 그에 일치하는 '우주 배경 복사'[9]가 발견되면서 더욱 확고해졌다. 우주 배경 복사 덕분에 천문학자들은 빅뱅이 일어나고 대략 38만 년이 지났을 때의 우주를 '볼' 수 있었다. 1960년대에 빅뱅 이론은 당시의 수학과 관측 자료로 볼 때, 우주의 기원을 가장 잘 기술한 설명으로 광범위하게 받아들여졌다. 시간이 지나면서 수정이 된 부분도 있지만 빅뱅 이론은

---

8 움직이는 물체가 내는 빛의 파장은 한쪽으로 치우쳐 보이는데, 빛이 우리에게서 멀어질 때는 파장이 길어져 붉은빛 쪽으로 이동하게 되어 적색편이라 불린다. – 역자 주
9 Cosmic microwave background radiation. 빅뱅으로 우주가 폭발할 당시 에너지의 잔해로 우주에 골고루 퍼져 있다. – 역자 주

오늘날까지도 가장 널리 인정된 시나리오이다.

1950년대 후반 우주에서 오는 전파를 연구하던 제프리 버브리지Geoffrey Burbridge는 이들 전파원들 중 일부가 수백만 개의 별에 달하는 에너지를 내고 있다는 것을 발견했다. 1958년에서 1960년 사이에 네덜란드의 물리학자 마르턴 슈미트Maarten Schmidt는 이 에너지원들을 '준-항성전파원quasi-stellar radio source'의 약자인 퀘이사quasars라고 이름 지었다. 슈미트는 퀘이사 크기는 아주 작지만 엄청난 에너지를 내며 은하의 중심부에 위치한다고 밝혔다. 그리고 지금은 퀘이사가 블랙홀과 연관이 있다고 밝혀졌고, 우리은하를 비롯해 모든 은하의 중심에는 블랙홀이 있다고 한다.

1980년대에 들어 빅뱅은 물론 다른 천문 현상에 대해서도 더 많은 것을 알게 되었다. 이 시기에 은하들이 그 모양을 유지하기에는 회전하는 속도가 너무 빠르다는 것이 밝혀졌고, 이를 설명하기 위해 암흑 물질이 제안되었다. 암흑 물질은 빛을 흡수하지도 방출하지도 않아서 보이지는 않지만, 은하단을 끌어당겨 한데 묶어 두는 힘이다. 우주를 구성하는 물질의 25퍼센트가 암흑 물질이라고 한다.

1998년에는 독립된 두 연구진이 우주가 팽창하는 속도를 측정하기 위해 죽어 가는 별이 폭발하는 초신성을 관측했다. 연구를 시작할 때 우주의 팽창 속도가 느려지고 있을 것이라 예상했지만, 놀랍게도 두 팀 모두 팽창 속도가 점점 더 빨라지고 있는 것을 발견했다.[10]

그리고 중력과는 반대로 물질을 서로 밀어내어 우주를 가속 팽창시키고 있는 이 힘을 암흑 에너지라 부르게 되었다. 직접 본 적은 없지만 암흑 에너지의 존재를 뒷받침하는 증거는 늘고 있다.

> 얼마 전까지만 해도 초신성 자료는 우주가 가속 팽창한다는 것을 보여 주는 유일한 증거였다. 암흑 에너지의 존재를 받아들이도록 설득하는 유일한 이유이기도 했다. 하지만 최근에 윌킨슨 우주 배경 복사 탐사선WMAP 등으로 우주 배경 복사를 정밀하게 측정한 결과 정황상 암흑 에너지의 존재를 인정하게 되었다.[11]

우주의 약 70퍼센트를 암흑 에너지가 차지한다고 한다. 암흑 물질을 포함하면 우주의 95퍼센트가 보이지 않는 물질과 에너지로 이뤄져 있고, 우리가 '보통' 물질이라 부르는 것은 5퍼센트밖에 안 된다는 의미이다!

마지막으로, 1998~99년에 웬디 프리드만이 이끄는 천체 물리학자들은 허블우주망원경으로 가속 팽창 우주를 지지하는 관측 자료를 수집할 수 있었다. 이 자료에서 우주의 나이를 꽤 정확하게 측정할 수 있었고, 그 계산에 따르면 빅뱅은 약 137억 년 전에 일어났다.

지금까지 다룬 주요 과학 발견은 천문학과 물리학의 영역이지만,

---

[10] 2011년 노벨물리학상을 받은 연구 내용으로, 11장에서 좀 더 자세히 나온다. — 역자 주
[11] http://physicsworld.com/cws/article/print/2004/may/30/dark--energy

지질학 분야에서도 새로운 우주 이야기에 중요한 발견들이 있었다. 1960년대에 제임스 러브록James Lovelock과 린 마굴리스Lynn Margulis는 지구를 자기 조절self-regulating 생태계라고, 즉 나름의 생물학적 유기체라고 가정했다. 러브록은 지구를 뜻하는 그리스 여신의 이름을 따서 이를 가이아 가설이라 불렀다. 러브록과 마굴리스는 지구가 여타 살아 있는 유기체들처럼 수억 년 동안 표면 온도를 일정하게 유지해 왔다는 사실에 주목했다. 바다 또한 매년 수톤의 소금이 쓸려 드는데도 동식물에게 치명적이지 않은 포화점 아래로 농도를 유지해 왔다. 이 사실들은 지구가 살아서 스스로를 조절하는 시스템임을 가리키는 증거이다. 열대 우림은 폐의 역할을, 강은 핏줄의 역할을 한다. 러브록과 마굴리스는 지구가 살아 있다는, 지구 자신과 우리의 생명을 지탱할 시스템을 갖춘 유기체라는 입장을 견지한다. 처음에는 다들 회의적이었지만, 이들의 주장을 지지하는 증거가 늘고 있다. 스티븐 골드만Steven Goldman은 "20세기가 끝날 즈음이면 단단한 핵에서 대기권 최상층부에 이르기까지 지구의 모든 면이 '살아 있다'고밖에 할 수 없는 경이로운 힘들의 작용으로 끊임없이 움직이고 있음을 보게 될 것이다."[12]고 설명한다.

지난 한 세기 남짓한 기간 동안 과학에서 일어난 변화는 정말 놀

---

[12] Steven L. Goldman, *Science in the Twentieth Century: A Social-Intellectual Survey*(Chantilly, VA: The Teaching Company, 2004), 24.

랍기 그지없다. 우리가 살고 있는 우주의 크기를 엄청나게 확장시켰고, 인간이 고정된 우주의 중심에 있다는 생각을 바꿔 놓았다. 새로운 발견들이 우리의 삶과 정신으로 들어오면서 우리가 누구인지, 하느님이 어떤 존재이신지에 대한 생각도 자연스레 바뀔 것이다. 기계적인 세계관에서 이야기하듯 인간도 하느님도 기계와 같은 존재가 아니다. 그보다는 (나중에 자세하게 다루겠지만) 관계와 연결성을 존재의 특징으로 하는 홀론들이다.

새로운 우주론은 과학과 영혼, 우리가 일하는 세상과 기도하는 세상 사이에 존재해 온 분열을 화해로 바꿀 수 있는 길을 열어 준다. 우리는 더 이상 과학과 종교의 불화 가운데서 하나를 선택할 필요가 없다. 우주론은 우주의 기원과 발달 그리고 그 안에서 우리의 위치에 관한 이야기이다. 이 책에서는 그런 새로운 우주론을 펼쳐 보이려 한다. 이 책은 예수님의 비유를 들은 이들의 경우처럼, 이전에 들어 보지 못한 진실을 들어 보라는 초대이다. 최신 정보를 접하면서 그동안 습관적으로 생각해 오던 것들이 산산이 부서질 것이다. 현재의 패러다임이 지닌 결함도 보게 될 것이다. 그리고 이 새로운 발견들을 통해 어떻게 살아야 할지에 대해 다시 한 번 생각해 보라는 과제를 받게 될 것이다. 다시 말해, 우리의 불일치discrepancies와 단절disconnections을 깨닫고 회심하라는, 사고방식과 행동방식을 바꿔 새로운 방향으로 나아가라는 초대를 받는다. 우리가 생각해 볼 새로운 이야기의 주요 특징들을 요약하면 다음과 같다.

모든 창조는 흔히 빅뱅이라 불리는 하나의 우주적인 사건을 통해 생겨났다. 우주는 이전의 생각들처럼 정적이고 고정된 것이 아니라, 창조가 계속되고 창조력이 끊임없이 발휘되는 '생성하는 우주 cosmogenesis'이다. 모든 생명이 이 하나의 사건에서 나왔으므로 모든 생명은 가장 기본 단계에서 연결되어 있다.

진화는 점점 더 복잡하게 의식을 향해 가는 운동으로, 우주와 그 구성 요소들이 어떻게 발달해 왔는지를 제일 타당성 있게 설명한다.

근본적으로 에너지와 물질은 서로 교환이 가능하며, 이는 '$E=mc^2$'이라는 식으로 표현된다.

홀론 이론은 모든 것이 전체/부분이며 어떤 것도 따로 분리되지 않는다고 설명한다. 생명은 서로 안에 둥지를 틀고 nested 점점 더 복잡해지는 홀론들로 구성되어 있다. 여기서 관계 맺기는 필수적이다.

자기 조직 시스템은 모두 형태발생장이라 불리는 힘으로 둘러싸여 있다. 이 힘은 정보를 조직하고 사고와 활동의 패턴을 만든다.

우리은하는 물론 모든 은하의 중심에는 특이성 singularity 의 지배를 받는 블랙홀이 있다. 블랙홀은 우리가 상상도 할 수 없을 만큼 밀도가 높아 빛조차 빠져나올 수 없다.

우리태양계는 원시의 별이 죽어 가면서 분출한 초신성 폭발의 결과로 생겨났다. 죽음은 삶에 필수적이다.

우주의 70퍼센트는 암흑 에너지이다. 25퍼센트는 암흑 물질이고, 5퍼센트만이 보통의 물질이다.

우주가 팽창하는 속도는 점점 더 빨라지고 있다.

새로운 우주론을 이야기하는 과학자들의 언어는 신비주의자의 언어처럼 들리기도 한다. 신비주의자들은 우리의 삶이 신비에 뿌리를 두고 있으며, 신비의 영역에서 우리는 모두 하나라고 인정한다.

과학이 발견한 새로운 사실들을 처음 접했을 때 나는 정말 놀랐다. 그리고 이런 획기적인 성과들이 내가 가진 세계관에, 특히 나의 영성 생활에 어떤 영향을 미칠지, 어떻게 받아들여 통합해야 하는지를 진지하게 고민하도록 만들었다. 새로 알게 된 것들이 내가 이미 편안해진 것들과 대립되는가? 세상에 대해, 세상 안에서 내가 차지하는 위치에 대해서 생각을 바꿔야 하는 것일까? 나는 새로운 발견들이 내가 경험한 '신체험'과 일치한다는 것을 알게 되었다. 나의 영성은 점점 더

'일치unity'가 하느님의 비전이자 바람이라는 믿음에 뿌리를 두게 되었다. 때문에 습관적으로 내가 다른 이들과 분리되고 단절되어 있다고 보는 생각과 행동을 버려야만 했다. 지금도 여전히 나는 새로운 우주론이 나 개인의 삶에 갖는 함의가 무엇인지 계속 씨름하고 있다. 아인슈타인이 분리의 환상이라 불렀던 것을 이해하려 애쓰며, 그 비전을 제대로 실천하지 못하는 나 자신의 능력 부족과 씨름하고 있다. 우주를 기계적으로 보는 낡은 견해가 더 이상 내게 맞지 않기 때문에, 내가 직관적으로 진실임을 알고 있는 일치와 연결성 안에서 살아가는 은총을 주시기를 기도한다.

　알베르트 아인슈타인(Albert Einstein, 1879-1955)에 관한 이야기 중에 내가 제일 좋아하는 것은 그가 나중에 일생일대의 실수라고 부르게 된 이야기이다. 뉴턴 물리에 푹 빠져 있던 아인슈타인은 우주가 고정된 기계와 같다는 세계관으로 세상을 보고 있었다. 하지만 특수 상대성 이론을 내놓게 된 계산을 하던 중, 계산이 암시하는 엄청난 의미를 보게 되었다. 계산이 정확하다면(지금의 우리는 그 계산이 맞음을 안다) 우주는 고정되어 있지 않고 모든 방향으로 팽창하고 있었고, 그것은 모든 물질이 한 점에서 뿜어져 나와 멀어지고 있다는 의미였다. 자신의 연구 결과가 암시하는 바가 놀랍기도 하고, 여러 세기 동안 진실로 알고 있던 것을 뒤엎을 정보를 내놓기가 주저되던 아인슈타인은 공식을 조작했다! 우주가 안정적이고 고정된 채 있도록 숫자를 바꿨던 것이다. 러시아의 학자 알렉산더 프리드만Alexander Friedmann이 아인슈타인의 이 '실수'를 지적했다. 나중에 에드윈 허블은 윌슨 산에 있는 자신의 천문대로 아인슈타인을 초대해, 그의 이론이 암시하는 바가 사실임을, 우주가 정말 팽창하고 있는 것을 직접 본인 눈으로 확인하게 해 주었다.

20세기의 가장 뛰어난 과학자이자, 진리를 추구하는 위대한 탐색가인 아인슈타인조차도 새로운 세계관을 받아들이는 데 있어서 큰 어려움을 느꼈음을 알 수 있기에 나는 이 이야기를 아주 좋아한다. 새로운 발견에 담긴 뜻을 알고, 그로 인해 자신의 세계관의 근간이 되는 '진실'이 산산조각날 것이 두려웠던 아인슈타인은 완강하게 버텼던 것이다. 정말 인간적이지 않은가? 우리가 누구이고 어디로 가고 있는지를 알려 주는 뿌리가 되는 이미지와 상징과 신념을 바꾸기 꺼리는 우리 자신과 꼭 닮았으니 말이다. 아마 우리 대부분은 제프리 소보샌 Jeoffrey G. Sobosan의 다음 말에 공감할 것이다.

> 어떤 사람들은 새로운 지식에 위협을 느낀다. 알고 있는 바에서 편안함을 느끼고 삶을 지탱해 온 가치와 비전에 익숙해서 그것을 부정하기는커녕, 아주 조금 바꿀 낌새만 있어도 위협을 느낀다. 새로운 지식을 소중하게 숭배하던 대상에 대한 공격으로 여기는 것이다.[13]

---

[13] Jeffrey G. Sobosan, *Romancing the Universe*(Grand Rapids, MI: William B. Eerdman's Publishing Company: 1999), 4.

아인슈타인도 새롭게 알게 된 것에서 위협을 느꼈다. 그도 소중하게 여기던 세계관이 공격을 받는다고 느껴 저항하였고, 자신을 지탱해 준 비전과 가치를 확장하기보다는 잠시나마 편안한 영역에 머물러 있으려 하였다. 하지만 결국에는 자신의 가장 큰 저항이 가장 큰 실수였음을 인정했다. 나는 거기에서 용기를 얻는다.

새로운 우주론은 삶에 대해 새로운 비전을 받아들이도록 요구하기 때문에 우리가 오랫동안 간직해 온 진실을 뒤엎을 수 있다. 새로운 패러다임은 언제나 우리의 환상을 드러내고 두려워하는 것들과 마주하게 할 것이다. 예수님은 눈이 있어도 보지 못하고 새로운 비전을 거부하던 이들을 보며 안타까워하셨다. 인간이 보지 못하도록 막는 것은 무엇일까? 대개는 두려움일 것이다. 두려움 때문에 진리를 잡으려 손을 내밀기보다는 안전한 것을 움켜잡고 변하지 않으려 한다. 아인슈타인처럼 우리도 나름의 공식을 조작하고, 한쪽 세상에서 일하고 그와 다른 쪽 세상에서 기도하는 삶을 선택할 수 있다. 또는 그렇지 않고 과학과 신앙을 우리 안에서 화해시켜, 둘이 그저 평화롭게 공존하는 데서 그치지 않고 서로 공명하는, 한없는 경이로움으로 가득한 삶을 선택해서 살 수도 있다.

브라이언 스윔Brian Swimme은 말한다. "우주론이 문화 안에 건강하게 살아 있으면 내면에서 만족스럽고 활기찬 열망이 되살아나며, 삶에 대한 깊은 흥취를 북돋울 수 있다. 하루를 환희로 시작하는 데 필요한 정신적인 에너지를 주기 때문이다."[14]

새로운 우주론은 우주가 어떻게 발전되어 왔는지를 보여 주고, 그 안에서 우리의 고유한 위치를 들려준다. 이 이야기는 진정 한없이 경이롭다. 그리스도교 영성에 모순되기보다는 오히려 그 핵심을 확인해 주고 깊은 울림을 더한다. 바오로 사도는 말했다. "사실 지체는 많지만 몸은 하나입니다."(1코린 12,20) 우주는 여러 부분으로 되어 있지만, 존재하는 모든 것은 근본적으로 연결되어 있다. 우리 존재의 뿌리에서 연결되어 있다는 감각을 가지고 살면 모두가 가족이 되고, 우리를 빚어 생명을 불어넣어 준 창조주의 자손이 된다. 이 새로운 우주론은 건강하고 살아 있는 이야기로, 우리 모두를 하나로 묶어 줄 수 있다. 우리 모두의 이야기이기 때문이다. 여기서 제외된 사람은 아무도 없다. 모든 사람은 사랑이라는 위대한 이야기에서 중요한 역할을 맡고 있다.

---

14 Brian Swimme, *Hidden Heart*, 36.

성찰
관상

이번 연습에는 상상력이 필요합니다. 도움이 된다면 편안하게 앉아 눈을 감습니다. 우선 코페르니쿠스가 계산을 하다가 지구가 우주의 중심이 아니라 태양 주위를 돌고 있다는 것을 깨닫게 되는 순간을 상상해 봅니다. 그가 얼마나 놀랐을지, 그가 느꼈을 두려움과 불확실함 등을 생각해 봅니다. 코페르니쿠스에게 그 경험이 어땠는지 말을 걸어 보고, 신념 체계를 바꾸는 어려움에 대해 그가 어떤 이야기를 하는지 들어 봅니다.

다음으로 여러분이 아인슈타인과 대화한다고 상상해 봅시다. 그가 저지른 '실수'에 대해 이야기해 달라고, 우주가 팽창하고 있다는 것을 감추기 위해 식을 바꿨을 때의 이야기를 들려 달라고 청해 봅니다. 그가 두려워하고 염려했던 게 무엇이었는지 물어봅니다. 다시 그 순간이 온다면 어떻게 다르게 행동할 것인지도 물어봅니다. 그는 여러분이 어떻게 하기를 권하나요?

이제 여러분의 생각과 느낌을 모아 예수님이나 여러분이 살면서 만난 지혜로운 이들과 대화한다고 상상해 봅니다. 내면이나 삶의 여건 속에 여러분이 바뀌기를 바라는 부분이 있나요? 그저 생각이나 개념을 바꾸는 것이 아니라 여러분이 평생을 사는 동안 뿌리가 되는 믿음을 정말 바꾸는, 패러다임의 전환과 같이 무언가 중요한 것을 고려할 때 여러분 안에서는 어떤 일이 벌어지나요? 저항이 있는 곳은 어디입니까? 그리고 거기에 어떻게 대응하고 싶습니까? 여러분이 잃는 것은 무엇입니까? 얻는 것은 무엇입니까? 예수님, 또는 여러분이 아는 지혜로운 분은 어떻게 대답해 줍니까?

이 장에서 여러분이 받아들이기 어렵거나 저항을 느꼈던 내용은 무엇입니까? 한없이 경이로운 부분은 어디입니까?

잠시 고요히 앉아 있도록 합니다. 성령께서 여러분에게 어떤 것을 보여 주십니까? 여러분은 어떻게 응답하겠습니까?

우주의 창조주이신 거룩하신 하느님,

당신께서는 신비 중의 신비이신 분으로 저희는 알고 있습니다.

하지만 유한하고 연약한 마음과 두려움 때문에

저희는 때로 저희 편한 대로 당신을 좁은 틀에 담아 두려 합니다.

믿음의 지평을 넓혀 새로운 것을 받아들이는 일에 저항하고,

환상으로 가득한 과거일지라도 결별하기를 주저합니다.

단지 새롭기 때문이 아니라

그것이 진실에 더 가까우며,

당신이 누구시고

당신 안에서 우리가 어떤 존재인지 알게 해 주므로

저희가 당신 계시 앞에 열려 있을 수 있도록 도와주소서.

새로운 창조 이야기를 들으며

당신의 신비와 사랑과 마주칠 때

한없는 경이로움에 저희가 열려 있기를,

존재하는 모든 것이 연결되어 있음을

받아들이는 삶을 살도록

저희를 이끌어 주소서. 아멘.

세 번째 이야기

한처음에

RADICAL AMAZEMENT

한처음에 하느님께서 하늘과 땅을 창조하셨다.
땅은 아직 꼴을 갖추지 못하고 비어 있었는데,
어둠이 심연을 덮고 하느님의 영이 그 물 위를 감돌고 있었다.

― 창세 1,1-2

태양 안에 있는 불이,
지구 안에 있는 불이,
그 불이 내 가슴 안에 있다.

― 우파니샤드 6,17

'한처음에'라는 말은 너무 단순해서 별 생각 없이 지나치기 쉽다. 하지만 이 태초의 순간은 과학의 관심사에 그치지 않는다. 우리가 탄생한 순간이기도 하기 때문이다. 우리가 누구인지, 지금까지 어떤 과정을 거쳐 여기까지 왔는지, 그리고 앞으로 우리가 되고자 하는 모든 것들이 시간과 공간이 시작되고 생명이 터져 나온 바로 그 순간에 뿌리를 두고 있다. 우주가 팽창하는 것을 필름에 담아 되감아 본다고 상상해 보자. 여기저기 멀리 떨어져 있던 천체들이 하나의 점으로 모여드는 것을 보게 될 것이다. 이것이 바로 빅뱅 이론이 주장하는 바이자, 새로운 우주론의 기초이다.

여기서 새로운 우주 이야기를 간략하게 요약해 보자. 우주는 시간과 공간을 탄생시킨 격렬한 폭발로 생겨났다. 우주 배경 복사 등을 관측한 과학자들은 우리가 살고 있는 이 우주가 137억 년 전에 태어났다는 것을 알게 되었다. 지금까지 존재한 모든 에너지들과 물질들은 바로 이 하나의 장엄한 우주적 사건에서 출발했다.

우리의 탄생은 격렬했으며, 잠재되어 있던 원초적 가능성은 재빨

얼마나 놀라운 시작인가! 우리가 여기, 하나의 종種으로 또 인간으로 살아가게 되었다는 것은 기적이 아닐 수 없다. 지금 존재하는 모든 물질이 바로 생명을 품고 터져 나온 태초의 불꽃에서 온 것이기에, 우리 모두는 별이 된 태초의 먼지에서 출발했다고 할 수 있다. 우리가 정말 태어난 순간은 그저 몇 십 년 단위로 헤아릴 수 있는 것이 아니다. 우리 나이는 137억 살이나 되는 것이다! 우리 각자 안에는 별들을 만들어 낸 바로 그 에너지가 들어 있다. 우리 안에는 억겁의 발달 과정을 거쳐 비로소 우리가 된 원소들의 진화가 담겨 있다. 우리 안에는 생명을 불러낸 바로 그 불이 담겨 있다. 비드 그리피스Bede Griffiths는 이렇게 표현한다.

> 우리 안에는 150억 년 전 우주에서 폭발해 나온 것이 들어 있다. 우리 한 사람 한 사람은 태초에 일어난 폭발의 결과로 존재하게 되었다. 그래서 무의식 안에서 우리는 우주의 한처음과 우주가 처음 만들어지던 초기 단계의 물질들과 연결되어 있다. 그런 의미에서 우주는 우리 안에 있다.[16]

우리는 우주를 '저 바깥'에 있는 무엇으로, 망원경이나 로켓으로만

---

[16] Bede Griffiths, *A New Vision of Reality: Western Science, Eastern Mysticism and Christian Faith*(Springfield, IL: Templegate Publishers, 1989), 30.

접근할 수 있는, 우리와 완전히 분리된 무언가로 생각하는 것에 익숙해 있다. 하지만 이제 우리는 우주가 우리와 분리되어 있지 않다는 것을 알게 되었다. 시공간이 시작된 때부터 에너지는 물질의 형태로 재배열되고 재구성되며 진화와 성장과 초월을 거듭하며 발달해 왔다. 이 사실을 한 번 생각해 보자. 이 숨어 있던 잠재력에서 바로 이 순간 여러분이라는 몸을 가진 인간이 만들어졌고, 궁극적으로 당신이라는 사람을 만들게 된 모든 성분은 빅뱅의 순간에 들어 있었다. 얼마나 놀라운 사실인가!

우주가 '펼쳐져 나온다'고 보는 새로운 시각은 그리스도교의 가르침과도 비슷한 점이 많다. 우리의 신앙 전통에서도 늘 '시작'이 있었고 '시간'이 시작되는 순간에 전능하고 신성한 힘이 모든 존재를 품어 탄생시켰다고 가르쳐 왔으니 말이다. 우리는 모든 피조물이 우리가 하느님이라 부르는 신비의 움직임을 통해 생겨났다고 믿는다. 그리고 하느님은 창조 사건을 시작했을 뿐만 아니라, 지금도 계속되고 있는 창조의 체험 속에서, 그 체험을 통해 존재한다고 믿는다. 창조주는 창조 사건이나 그로 인해 만들어진 우주로 환원될 수 없지만, 이 모든 것에서 따로 분리될 수도 없다. 생명이라는 형태 안에 있는 창조주의 현존은 우주의 그물망 안에 짜여 들어 있고, 마음만 먹으면 누구나 이를 볼 수 있다.

과학은 차라리 놀랍지 않다. 어쩌면 진정 놀라운 것은 우리에게 볼 수 있는 능력이 있다는 점이다. 그리고 각자의 단순한 삶 속에서 만

모든 피조물은 하느님 안에 기원을 둔 생명으로 요동친다고 가르쳤다. 과학은 우리가 얼마나 긴밀하게 하나로 연결되어 있는지 확인해 준다.

　모든 것 안에 하느님이 계시다고 인정하더라도, 그런 깨달음 안에서 실제로 그런 사실에 주의를 기울이며 사는 것은 다른 문제이다. 일상에서 주의를 기울이며 깨어 있지 않으면 우리 주변에서 늘 아름답고 힘차게 세상을 밝히고 있는 신의 현존을 놓치게 된다. 잠시 멈추지 않는다면 사랑이 담긴 눈길로 오래 바라볼 수 없을 것이다. 만물에 대한 사랑스런 눈길이야말로 아름다움과 힘의 원천이 되고 세상에 뿌릴 자비와 봉사의 씨앗이 되기 때문에, 주변에 주의를 기울이며 깨어 아름다운 신의 현존을 자각하는 일은 너무도 중요하다. 이것은 관상을 수련하고 관상의 관점을 기르는 일이며, 하느님의 창조를 돕고 참여하는 데 꼭 필요한 일이다.

　수 세기에 걸친 경험에 근거한 영적 수행인 그리스도교의 명상이나 향심 기도는 관상하는 태도를 유지하도록 도와준다. 기본 요소는 간단하다. 바른 자세로 가만히 앉아 눈은 감거나 아래로 내리뜨고 손은 무릎에 편하게 올린다. 천천히 그리고 규칙적으로 숨을 들이쉬고 내쉬며 호흡에 집중한다. '충만하게 하소서', '자유롭게 하소서', '사랑합니다', '성령이여, 오소서'와 같은 성스러운 단어나 어구가 도움이 된다는 이들도 있다. 밖으로 소리 내어 말하지는 말고 호흡과 조화를 이루며 속으로만 반복한다. 어떤 말이든 반복하는 동안 호흡을 늦추고 마음을 고요히 해서 몸의 긴장을 풀고 쉴 새 없이 밀려드는 생각을 줄

이거나 멈추는 것이 중요하다. 제임스 핀리James Finley는 앉아 있는 동안 '현재에 머무르며 열린 태도로 어떤 것에 집착하거나 거부하지 않고 깨어 있을 것'을 권한다.[18]

계획한 일들이나 하고 싶은 일, 잊고 하지 않은 일, 걱정거리 등 별의별 생각이 다 들겠지만 아무런 판단 없이 놓아 보내고 호흡이나 어구로 돌아온다.

관상 수행을 처음 시작할 때는 온갖 생각이 밀려들어 쉽게 좌절할 수도 있지만, 낙담할 필요는 없다. 여기서 중요한 것은 기도의 과정에 충실하며 몸과 마음과 얼이 조화를 이루는 것이지, '성공'이나 '제대로 하는 것'이 아니다. 그렇게 되기까지 대개는 시간이 좀 걸린다. 앉아 있는 동안에 마음은 제멋대로 돌아다니고 몸은 좀이 쑤실 것이다. 그렇지만 기도에 충실한 뒤 우리는 기대 이상의 체험을 하게 된다. 좀 더 평화로워지고 주위 세상에 대해서도 더욱 연민을 느끼게 될 것이다. 이 수행이 익숙하지 않거나 어려우면 영적 지도자나 이런 기도를 지도하는 이와 상의해도 좋겠다. 제임스 핀리와 토마스 키팅Thomas Keating이 쓴 책과 녹음 자료도 도움이 된다.[19]

빅뱅과 그로 인해 시작된 탄생의 과정들을 마음속에 그리다 보면

---

[18] James Finley, *Christian Meditation: Experiencing the Presence of God*(New York: HarperSanFrancisco, 2004), 24.
[19] Audio recordings include *Christian Meditation* by James Finley(Boulder, CO: Sounds True) and *The Contemplative Journey* by Thomas Keating(Boulder, CO: Sounds True).

성찰
관상

눈을 감고 천천히 생명의 시작을 상상해 봅니다. 한처음에 우주가 찬란히 터져 나오던 장면을… 빛과 입자들이 마구 충돌하며 뿌옇게 흐리던 우주가 밝게 빛나던 때를 상상해 봅니다. 별들이 나타나 은하가 만들어지고, 그 은하들이 충돌합니다. 원소들이 만들어지고, 초신성이 폭발하고 우리의 집 태양계가 태어납니다. 그리고 지구가 태어나고, 그 위에서 생명체들이 등장합니다. 이 모든 과정을 지휘하는, 모든 생명을 감돌며 품어 안고 낳으시는 창조주를 상상해 봅니다.

창세기의 첫 구절을 천천히 읽으며 새로운 의식이 떠오르도록 합니다. "한처음에 하느님께서 하늘과 땅을 창조하셨다. 땅은 아직 꼴을 갖추지 못하고 비어 있었는데, 어둠이 심연을 덮고 하느님의 영이 그 물 위를 감돌고 있었다."

여러분이 묘사하고 그리는 하느님은 어떤 모습입니까? 창조에 대한 생각이 바뀌면서 하느님에 대한 생각도 바뀌고 있나요? 하느님에 대한 생각이 바뀌면서 여러분 자신과 다른 것들에 대한 생각은 어떻게 바뀌나요?

이 장에서 여러분이 받아들이기 어렵거나 저항을 느꼈던 내용은 무엇입니까? 한없이 경이로운 부분은 어디입니까?

잠시 고요히 앉아 있도록 합니다. 성령께서 여러분에게 어떤 것을 보여 주시나요? 당신은 거기에 어떻게 응답하고 있습니까?

네 번째 이야기

빅뱅

RADICAL AMAZEMENT

하느님께서 말씀하시기를
"빛이 생겨라." 하시자 빛이 생겼다.

— 창세 1.3

하느님은 모든 면에서 살아 있는 빛이시다.
하느님으로부터 모든 빛이 빛난다.

— 빙엔의 힐데가르트

신께서 창조하시기 전에는 어둠밖에 없었다.
형태도, 아무것도 없는 빈 공간,
생명을 잉태한 드러나지 않은 텅 빔.
그러다 거기 빛이 있었다.
맹렬한 강림,
형체 없는 어둠에서 거침없이 광채가 터져 나왔다.
이 빛을 통해 존재하는 모든 것이 생겨났다.
하느님께서 말씀하셨다.
"생명은 아주 좋구나."

    이 위대한 창조의 사건이 있기 전에는 아무것도 없었다. 존재하는 것은 없고 다만 암흑이라고 상상할 뿐이다. 그러다가 태초의 위대한 불길이 터져 나왔다. 그 불은 존재하는 모든 것이 벼려지는 격렬한 용광로이다. 그리스도교 전통의 초기 이야기꾼들이 묘사한 과정은 과학자들의 이야기와 상충되지 않는다. 브라이언 스윔과 토마스 베리는 이 태초의 사건을 창의력과 풍성한 가능성과 힘으로 가득한 이미지인 '터져 나오는 찬란함flaring forth'이라고 불렀다. 탄생의 순간 우주는 빛으로 가득했다.

    빛은 물결波로, 연못에 이는 물결과 같은 파동으로 생각할 수 있다. 일정한 속도로 움직이는 빛은 물결의 파고波高 사이의 거리를 일컫는 파장으로 측정된다. 빛의 파장이 길수록 빛에 담긴 에너지가 적고, 파장이 짧을수록 에너지가 많다. 빛은 보통 색깔로 구분한다. 파란색과 쪽빛, 보라색은 파장이 짧은 빛이고, 붉은색과 오렌지색은 파장이 길고 에너지가 낮은 빛을 나타낸다. 녹색과 노란색은 파장과 에너지가 그 중간이다.

흔히 빛이라고 하면 우리 눈에 보이는 것만 생각한다. 하지만 실제로 대부분의 빛은 가시광선 영역 바깥에 있다. 보라색과 파란색보다 짧은 파장의 빛에는 자외선과 엑스선이 있고, 가시광선 스펙트럼의 반대편에는 파장이 아주 긴 적외선과 마이크로파가 있다.

오늘날 우리가 빛에 관해 알고 있는 대부분은 20세기 초 인류가 이루어 낸 중요한 발견들 덕분이다. 아마도 빛에서 가장 흥미로운 점은 파동과 입자의 성질을 모두 가진다는 점일 것이다. 1900년 막스 플랑크(Max Planck, 1858-1947)는 전자기 에너지가 일정한 흐름으로 움직이지 않는다고 주장했다. 빛은 (요즘 우리가 광자라고 부르는) '양자quanta'라는 불연속적인 에너지의 덩어리로 이동하며, 입자로도 파동으로도 측정될 수 있다.

1905년 아인슈타인은 특수 상대성 이론과 함께 과학사에서 유명한 'E=mc²'라는 식을 소개했다. 에너지 'E'는 질량 'm' 곱하기 빛의 속도 'c'의 제곱과 같다는 이 식은 에너지와 질량이 서로 바뀔 수 있다는 것을 의미하는 획기적인 성과였다. 그런데 사실 아인슈타인은 이 식에서 출발한 것이 아니라 결론으로 얻은 것이다.

아인슈타인은 크게 두 가지 가정에 근거해 특수 상대성 이론을 끌어냈다. 첫 번째는 물체가 어떤 좌표계에서 어떻게 움직임이든 상관없이 빛의 속도는 초속 30만 킬로미터로 일정하다는 가정이다. 사실 이것은 직관적으로 이해되지는 않는다. 시속 80킬로미터로 달리는 차에 타고 있다고 생각해 보자. 이때 반대편에서 같은 속도로 나를 향해 달려오는 차가 있다면 나는 그 차가 시속 160킬로미터로 다가온다고 느끼게 될 것이다. 내가 멈추어도 그 차가 계속 같은 속도로 움직인다면 접근 속도는 80킬로미터이다. 물체의 속도는 두 차량이 움직이는 속도의 영향을 받기 때문이다. 하지만 빛은 예외이다. 빛은 우리가 빛을 향해 움직이든 정지해 있든 상관없이 늘 초속 30만 킬로미터의 속도를 유지한다.

두 번째 중요한 가정은 상대성 원리로, 가속하거나 감속하지 않고 일정한 속도로 움직이는 좌표계에서 모든 물리 법칙은 같다는 것이다. 두 가지 가정에서 아인슈타인은 물리적인 우주의 몇 가지 이상한 특징을 끌어냈는데, 이는 모두 나중에 실험으로 증명되었다. 그중 첫 번째가 이미 언급한 질량과 에너지가 서로 전환된다는 것이다. 그 밖에도 아인슈타인은 우리가 절대적이라고 가정하는 시간과 길이와 질량이 실제로는 그렇지 않다는 것을 보여 주었다. 예를 들어, 프록시마켄타우리Proxima Centauri[20]를 향해 발사되어 광속의 95퍼센트에 달하는 속도로 여행하는 우주선이 있다고 해 보자. 우주선을 타고 여행하는 사람들에게는 우주선의 길이가 변하지 않고 그대로 이지만 이상하게도 지구에 있는 관측자의 눈에는 아주 짧아져 보인다. 그뿐이 아니다. 우주선이 4.35광년 떨어진 목적지에 도착했을 때 지구 시간으로는 4.5년이 지나 있겠지만, 우주선에 실린 정밀 시계로는 겨우 1.4년밖에 지나

---

[20] 켄타우루스자리의 프록시마 별이란 뜻 – 역자 주

지 않았을 것이다. "이 여행에 걸리는 시간은?"이라는 질문에 대한 답은 놀랍게도 전적으로 누가 질문하느냐에 달려 있다! 그리고 우주선의 질량도 이동 속도가 빛의 속도에 가까울수록 더 커진다.

1940년대에 조지 가모프와 함께 빅뱅 이론을 연구하던 과학자들은 빅뱅 이론이 옳다면 일종의 잔광이 마이크로 복사의 형태로 우주 전체에 균일하게 분포되어 있어야 한다고 주장했다. 마이크로 배경 복사를 탐지하고 계산할 수 있다면 빅뱅 이론이 옳음을 증명할 수 있고, 또 어쩌면 얼마나 오래전에 일어났는지도 정확하게 집어낼 수 있을 터였다. 하지만 당시에는 이를 탐지할 수 있는 기술이 없었다.

1960년대 정보 통신 기술의 시대가 열렸고, 벨연구소Bell Laboratory는 첫 통신 위성인 '텔스타Telstar'에서 오는 마이크로파 신호를 수신할 초민감성 안테나를 개발했다. 그런데 안테나를 어느 방향으로 돌려도 계속 쉭쉭하는 잡음이 사라지지 않았다. 안테나를 개발한 엔지니어 아노 펜지어스Arno Penzias와 로버트 윌슨Robert Wilson은 안테나에 이상이 있다고 생각했다. 그러나 아무리 해도 잡음의 원인을 찾을 수가 없었다. 그러다가 우연히 이들은 빅뱅 이론과 우주 배경 복사의 가능성에 대해 연구하던 프린스턴의 연구원 제임스 피블James Peeble이 쓴 논문을 읽게 되었다. 덕분에 펜지어스와 윌슨은 안테나에서 들리는 쉭쉭 소리가 빅뱅의 흔적임을 깨달았다! 이 발견으로 빅뱅 이론은 다시 한 번 주목을 받게 되었고, 이들은 1978년 노벨상을 받았다. 그 후 연구자들은 빅뱅에서 38만 년이 지났을 때의 우주를 '볼' 수 있게 되었다. 137억 년 우주 역사에서 그것은 매우 초기의 모습이었고, 지금까지 찍은 우주의 모습 중에서 가장 오래된 것이었다.[21] 우주 창조의 처음을 드러낸 빛이 우주의 신비를 드러내는 도구가 되기도 했다는 점이 정말 흥미롭다.

지난 세기에 발견한 빛의 성질은 지극히 거룩하신 분께서 창조계에 얼마나 중요한 일부로 짜여 있는지를 설명하는 이미지를 제공한다. 창세기에서, 하느님께서 가장 먼저 하신 말씀은 "빛이 생겨라."였다. 창조주가 그렇게 말하자 정말 그렇게 되었다. 제럴드 슈로더Gerald Schroeder는 다음과 같이 말한다.

> 우주에서 처음 창조된 것이 빛이라는 점은 매우 중요하다. 시간과 공간 너머에 존재하는 빛은 우주가 생겨나기 이전의 끝없는 영원과 우리가 살고 있는 시공간과 물질의 세계를 연결하는 형이상학적 연결 고리이다.[22]

슈로더의 말을 풀어 보면 빛은 '천상의 영원한 에너지의 영역을 버리고 물질이 될 수 있으며, 비로소 빛은 시간과 공간의 영역으로 들어온다.'[23] 이른바 '창조 사건'을 설명하는 데 얼마나 적절한 비유인가!

---

[21] Steven L. Goldman, Lehigh University, "Science in the Twentieth Century: A Social-Intellectual Survey"(Chantilly, VA: The Teaching Company), 2004.
[22] Gerald L. Schroeder, *The Science of God: The Convergence of Scientific and Biblical Wisdom*(New York: Broadway Books, 1997), 165.
[23] 같은 책.

빅뱅이 일어날 때 빛이 나타나고, 그 빛은 즉시 모양을 갖추기 시작해 궁극적으로 별과 은하, 지구와 산과 강과 인간, 모든 창조계를 이루는 물질이 되었다. 빛은 신의 숨결과 영의 표현이고 신비와 물질을 연결한다. 그래서 신비와 물질은 따로 떼어 놓을 수 없다.

신비와 물질은 서로 안에 얽혀 있기에 서로의 본질을 드러낸다. 빛이 마이크로 복사의 형태로 우주 공간 구석구석 퍼져 태초의 창조 사건을 그려 보게 하듯이, 우리 일상의 경험에 스며들어 있는 어슴푸레한 빛을 통해 우리는 만물이 생겨난 사건 뒤에 계시는 창조주를 얼핏 만날 수 있게 된다. 물질은 신비가 무한하며 끝없이 창조적이라고 일러 준다. 빛이 가진 미묘한 색조는 생명으로 넘치는 빛이 파장을 조금씩 달리해 드러난 것으로, 무한히 창조적인 신비를 증명한다. 그리고 빛에서 온 물질은 모든 생명이 모든 존재의 근원인 하나의 빛에 연결되어 있음을 보여 준다. 반대로 신비는 물질을 통해 자신을 표현한다. 따라서 모든 물질은 성스러우며, 빛이 몸을 갖춘 것이다. 신비는 끝없이 스스로를 창조에 쏟아부으며, 우리가 그 연결성을 인식하고 진리에 맞게 살아갈 것을 열망한다. 우리는 빛의 존재들이고 이 진실을 모르고 살아가는 것은 진정 어둠 속에 사는 것이다.

이렇게 보면 성경에 빛의 이미지들이 넘쳐 나는 것은 놀라운 일이 아니다. 우리는 하느님이 우리의 빛이자 구원(시편 27,1)이심을, 생명의 근원 그 자체임을 인정한다. 우리는 하느님의 말씀이 열리면 빛이 비치며(시편 119,130) 우리의 생명과 빛이 지극히 거룩하신 분의 빛과 생명에서 비롯된 것임을 깨닫는다. 신비와 물질 사이의 연결성을 인정하는 이들은 빛 속에서 걸어가고(이사 2,5), 존재하는 모든 것들의 연결성을 인식하며 신과 관계 맺을 때 우리의 빛(우리 안에 있는 하느님의 빛)이 새벽빛처럼 터져 나온다(이사 58,8). 결정적으로 예수님은 빛의 존재로서 우리가 어떻게 살아야 하는지를 가르쳐 주는 빛이시다.

영성 생활에서 겪게 되는 어려움 중 하나는 하느님의 빛이 보이지 않고, 눈으로 볼 수 있는 영역 밖에 있다는 것을 알게 되면서 시작된다. 어릴 때 손수건으로 눈을 가리고 주변에 무엇이 있는지 살펴본 적이 있는가? 손수건 틈새로 보이는 것 외에도 무엇인가가 있다는 것을 알긴 알겠는데, 시야에 들어오지는 않고 친구들과 주변 소리로 짐작만 할 뿐이다. 눈가리개를 벗고 나면 얼마나 좋던지…. 가끔은 너무 세게 묶어 손수건을 풀었을 때 갑작스런 빛에 눈이 멀 것 같기도 하다.

우리 눈은 제한된 범위의 빛밖에 볼 수 없지만 영적인 영역에서는 그 너머도 볼 수 있다. 수행 방식이자 통합된 생활 방식으로서 관상은 우리의 시야를 넓히고 가시적 스펙트럼의 범위를 확장시킨다. 마치 영적으로 새로운 눈을 얻고 우주에 내내 통합되어 있던 것을 마침내 보게 되는 것과 같다. 성령이 저 멀리 떨어져 있다는 환상을 깨고, 매 순간 내면에 존재하며 우리 존재를 이루는 근본이라는 것을 확신하게 될 때, 우리는 영을 더 강하게 체험하게 된다.

엘리자베스 존슨 Elizabeth Johnson은 '창조의 행위는 이미 성령 강림 Pentecost이며, 활발히 살아 움직이는 생명의 성령이 처음으로, 그리고 영원히 계속해서 쏟아지는 것'이라고 말한다.[24] 새로운 우주 이야기를 하는 것은 그런 생각을 확인하는 과정이다. 언제나 활동하시는 성령, 즉 존재하는 모든 것을 빚어 만드는 에너지 넘치는 힘은 신성한 빛이요 성스러운 에너지이다. 피터 호지슨Peter Hodgson은 이렇게 말한다. "성령은 물질의 본성에 생기를 불어넣고 빚어내는 비물질의 생명력이다. … 에너지는 그야말로 사물 안에서 활발하게 살아 작용하는 신비로운 힘으로, 그 힘은 성령이신 하느님이시다."[25]

관상의 순간에 우리는 하느님의 힘을 성령으로, 빛으로, 생명으로, 창조주로, 우리를 빛으로 만든 신성한 에너지로 체험하게 된다. 생명의 한 조각, 존재하는 입자나 파동 어느 것 하나 이 실재에서 분리된 것은 없다. 하느님은 우리와 모든 존재의 빛이시고, 빛은 성령의 힘을 드러낸다. 빛의 성령이 우리 안에 통합되어 있다는 것을 아는 순간, 우리는 그저 무한한 경외감과 경이로움에 빠져들 뿐이다. 달리 어떻게 표현할 수 있을까. 우리는 모두, 하나의 예외도 없이, 빛에서 온 존재이다. 한없이 경이롭지 않은가!

---

[24] Elizabeth A. Johnson, *Women, Earth, and Creator Spirit*(Mahwah, NY: Paulist Press, 1993), 48.
[25] Peter Hodgson, *Winds of the Spirit: A Constructive Christian Theology*(Minneapolis: Fortress Press, 1994), 279 in Diarmuid O'Murchu, *Evolutionary Faith: Rediscovering God in Our Great Story*(Maryknoll, NY: Orbis Books, 2002), 48.

성찰
관상

시간이 시작되던 순간에, 불덩어리가 찬란하고 웅장하게 터져 나오던 그 순간에 여러분이 있다고 그려 봅니다. 시간이 시작된 처음 1초 안에 광자가 생겨나고 우리가 성령이라 부르는 신성한 에너지와 하나라는 것을 상상해 봅니다.

우주가 팽창하면서 광자가 바깥으로 움직이며 빛이 퍼져나가는 것을 눈앞에 보면서, 우주의 팽창이 실은 성령이 확장되는 것이라고 인식합니다.

이제 별들과 은하들이 생겨나기 시작하는 것을 봅니다. 이들도 성령의 현시입니다.

지구와 지구 위의 모든 피조물들도 성령이 드러난 것임을 떠올려 봅니다.

여러분 자신이, 여러분의 몸이, 성령과 하나인 한처음 빅뱅에서 온 빛으로 이루어진 것을 바라봅니다.

시간을 두고 천천히 하느님의 영이 여러분의 몸 세포 하나하나, 의식의 구석구석, 경험 하나하나에 새겨 있음을 실감하며 경이로움을 느껴 봅니다.

경이로움

따뜻한 햇살 아래 잠시 앉아 빛을 받으며 여러분이 빛에서 온 존재라고 생각해 봅니다.

빛에 대해 조금 더 알게 된 사실이 있나요? 빛이 생명에 얼마나 본질적으로 스며들어 있는지를 알게 되면서 하느님에 대한 생각이 바뀌게 된 부분이 있나요? 이전에 내가 알던 하느님과 어떻게 다른가요? 변한 것은 무엇이고, 변하지 않은 것은 무엇입니까? 하느님과의 관계에서 확인하고 싶은 것은 무엇입니까?

이 장에서 여러분이 받아들이기 어렵거나 저항을 느꼈던 내용은 무엇입니까? 한없이 경이로운 부분은 어디입니까?

잠시 고요히 앉아 있도록 합니다. 성령께서 여러분에게 어떤 것을 보여 주십니까? 여러분은 어떻게 응답하겠습니까?

신성한 빛이시여,
당신께서는 존재하는 모든 것들과
잠시도 분리된 적이 없으십니다.
당신은 창조계 바깥이 아니라
바로 우리 안에 계신 빛과 생명이십니다.
존재한다는 것은
당신의 사랑 안에서 사랑을 통해 있게 됩니다.
얼마나 경이로운 깨달음인가요!
이로써 우리는 얼마나 깊이 당신과 연결되어 있는지,
우리가 서로에게 얼마나 깊이 연결되어 있는지 보게 됩니다.
우리가 다른 이들과 분리되어 있다는 환상을 벗겨 주소서.
저희가 당신과, 또 서로 연결되어 있다는 것이
얼마나 성스러운 일인지 깨닫고 그 안에서 살도록 도와주소서.
그리고 이 깨달음이 사랑하는 마음씨와
행동으로 드러나도록 도와주소서.

당신을 저희에게 드러내 주셔서 감사합니다.

과학을 통해

당신이 어떤 분이신지 드러내시고

당신 안에서 관상의 깨달음에 이르러

우리가 어떤 존재인지 알게 하시니 감사드립니다. 아멘.

다섯 번째 이야기

진화

사실 피조물은 하느님의 자녀들이 나타나기를 간절히 기다리고 있습니다.
피조물이 허무의 지배 아래 든 것은 자의가 아니라
그렇게 하신 분의 뜻이었습니다. 그러나 그것은 희망을 간직하고 있습니다.
피조물도 멸망의 종살이에서 해방되어,
하느님의 자녀들이 누리는 영광의 자유를 얻을 것입니다.
우리는 모든 피조물이 지금까지 다 함께 탄식하며
진통을 겪고 있음을 알고 있습니다.
그러나 피조물만이 아니라 성령을 첫 선물로 받은 우리 자신도
하느님의 자녀가 되기를, 우리의 몸이 속량되기를 기다리며
속으로 탄식하고 있습니다.

— 로마 8,19-23

우리의 혈통은 생명체를 거슬러 별들로, 태초의 불덩어리까지 올라간다.
이 우주는 물질과 마음, 지성과 생명이 활기차게
다양한 모습으로 펼쳐지는 단일한 사건이다.

— 브라이언 스웜

생명은 아주 오랜 영겁의 시간에 걸쳐 서서히 펼쳐져 드러나 왔다. 우리는 그 위대한 여정에 동참하고 있다. 인간에게 나름의 고유한 특징이 있다면 그것은 자기 성찰을 할 수 있는 능력, 즉 우리가 안다는 것을 아는 의식을 가진 것이다. 인류만이 이런 의식을 가진 것 같다. 인간만이 우주의 핵심이라 할 단일성unity을 이해하고, 창조의 작업에 무한히 경탄할 수 있는 것 같다.

테야르 드 샤르댕Teilhard de Chardin은 줄리언 헉슬리Julian Huxley의 말을 빌려, 인간은 '스스로를 인식하게 된 진화'[26]라고 이야기했다. 우리는 영겁의 시간에 걸쳐 진화한 결과로 의식을 갖게 되었다. 진화하는 우주가 인간을 통해 스스로를 되돌아볼 수 있게 되었다. 얼마나 심오한 통찰인가! 인간을 훨씬 더 큰 맥락에서 보게 해 주는 통찰이 아닐 수 없다. 우리는 스스로를 인식하는 우주이다. 진화의 아주 작은 단계들을 한 번에 하나

---

[26] Teilhard de Chardin, *The Human Phenomenon*, Sarah Appleton-Weber, trans. and ed.(Portland, OR: Sussex Academic Press, 2003), 190.

씩, 137억 년이라는 긴 시간 동안 펼쳐 온 발달 과정을 통해 우리는 깨달을 수 있는 능력을 가진 '호모 사피엔스'가 될 수 있었다.

「영성 되찾기Reclaiming Spirituality」에서 디아무드 오무쿠Diarmuid O'Murchu 신부는 인간 의식의 특질을 "다른 피조물을 다스리라고 주어진 특별한 재능이라기보다는, 우주의 모든 생명에 퍼져 있는 '지능'이 통합된 차원으로 새롭게 이해할 필요가 있다."[27]고 말한다. 우리 인간이 그리고 꿈꾸고 욕망하는 것, 소망하며 일하는 모든 것이 우주에 영향을 미치고, 또 지구와 그 위에 있는 모든 피조물에 영향을 미친다. 우리가 가진 의식이라는 선물은 놀랍기도 하지만 책임도 따르는 것이다. 여기서 깨달을 수 있는 능력은 핵심이자 꼭 필요한 것이다.

신약 성경의 로마 신자들에게 보낸 서간 8장의 핵심은 연결성을 깨닫는 것이다. 피조물은 모두 속박에서 자유로워지기를 기다린다. 온전해지려는 열망으로 끙끙거리며 스스로를 변모시키고 성장해 나간다. 로마서의 말씀은, 고난도 많지만 우리 가운데 하느님께서 보다 온전하게 드러나시기를 바라는 열렬한 갈망으로 가득한 탄생의 장소를 가리킨다. 모든 피조물은 우리가 바라는 모든 것이 되는 과정에서 신비하게 하나로 묶여 있다.

마르코 복음서에서 예수님께서는 제자들을 격려하며 말씀하신다. "너희는 온 세상에 가서 모든 피조물에게 복음을 선포하여라."(16,15)

---

[27] Diarmuid O'Murchu, *Reclaiming Spirituality*(New York: Crossroad Publishing Company, 1997), 99.

복음이 전하는 새로운 비전은 인간뿐 아니라 피조물 모두를 위한 것이다. 왜 그럴까? 그것은 우리가 근본적으로 연결되어 있기에 다른 피조물들의 구원과 자유와 떼어 놓고 인간의 구원과 자유를 생각할 수 없기 때문이다. '우리는 누구인가'라는 질문은, 우리가 어디에서 왔는지 또 어디로 가고 있는지 하는 물음과 따로 떼어 생각할 수 없다. 인류는 수십억 년 동안 한 번에 한 걸음씩 진화해 온 결과이다. 우리는 앞서 존재한 모든 것들, 그러니까 원자보다 작은 소립자에서부터 원시 단세포 구조와 다세포 유기체를 거쳐 유인원과 인간에 이르기까지 한 걸음 한 걸음 창발emergence[28]한 것들에서 흘러나왔다. 사실 우리는 생각하는 것만큼 다른 종들과 그렇게 다르지 않다. 최근의 유전자 연구에서는 흔한 집쥐Mus musculus가 가진 유전자 3만 개 중에서 99퍼센트가 인간 유전자에 바로 대응한다는 것이 밝혀졌다.[29] 겉모습은 다를지 몰라도, 우리는 모두 생명의 필수 요소들을 공유하고 있으며, 그렇기 때문에 닮은 점이 더 많다.

토마스 아퀴나스는 온 우주가 다 같이 하느님의 선하심goodness에 동참하며 하나의 생명체로는 그 전부를 표현할 수 없다고 했다. 창조는 모든 것이 하나이고, 모든 생명이 하느님의 은총을 함께 체험하고

---

[28] 무언가 새로운 것이 등장할 때 그 구성 요소들에게 없던 새로운 성질이 등장하는 것을 가리킨다. – 역자 주
[29] David Quammen, "The Evidence for Evolution Is Overwhelming", *National Geographic*, 206, 5, (Nov 2004), 20.

나눈다는 것이다. 아퀴나스의 통찰과 울림을 같이하는 이미지가 현대 과학의 진화 이론이고, 이를 통해 모든 생명이 하느님의 선하심을 현시하는 것이라는 기본 원리를 이해할 수 있다.

데이비드 쾀멘David Quammen은 〈내셔널 지오그래픽〉에서 진화는 '지구 위의 생명체들이 어떻게 적응하고 복잡 다양하게 존재하게 되었는지, 그 기원에 관한 이론'이라고 정의했다. 여기서 '이론'이 무엇인지 조금 이야기해 보자. 지구가 태양 주위를 돈다고 한 코페르니쿠스의 생각은 이론이다. 원자가 존재한다는 것도 이론이고, 우리가 전원을 연결해 전등을 켤 수 있는 것은 전자기에 관한 이론 덕분이다. 또 기체 역학의 이론에 근거해 비행기를 만들어 전 세계를 날아다니기도 한다. 이처럼 이론은 '관측이나 실험을 통해 확인되어 전문가들이 사실이라고 받아들이는 설명'이라고 할 수 있다. 아무런 현실적 근거 없이 그저 꾸며 낸 생각이 아니라는 말이다. 우주에 대한 이론 또한 우주와 우주를 구성하는 성분들이 어떻게 작용하는지를 보여 주고 설명하는 증거가 일관되고, 특정 분야의 전문가들이 말이 된다고 받아들인 설명이라 할 수 있다. 물론 이론들도 진화하기 때문에 새로운 자료가 쌓이면서 수정되거나 버려지기도 한다.

역사적으로 진화와 신앙은 많은 갈등을 빚어 왔다. 교조적으로 물질주의를 신봉하는 이들은 인류가 신과 무슨 관계라도 맺을까 봐 이 둘을 떼어 놓으려 이론을 휘둘렀고, 근본주의자들은 성경과 진화가 양립할 수 없다며 진화 이론을 무시하였다. 그렇다고 신앙과 이성의 요란한 충돌을 걱정해야 할까? 1950년 교황 비오 12세는 회칙 「가톨릭 교리의 기초를 위협하는 잘못된 견해들에 관하여 Humani Generis」에서 진화론과 가톨릭-그리스도교 교리 사이에는 갈등이 없다고 분명하게 밝혔다. 그리고 교황 요한 바오로 2세는 1996년 교황청 과학원에 보내는 메시지에서 다음과 같이 선언했다.

> 그 회칙이 발표된 지 거의 반세기가 지난 오늘날, 진화론은 이제 새로운 지식으로 하나의 가설 이상의 것이라는 점을 인정받게 되었습니다. 실로 주목할 만한 사실은 여러 학문 분야의 잇따른 발견으로 연구가들이 점차 이 이론을 받아들이고 있다는 점입니다. 어떤 고의적인 노력이나 조작도 없이 각기 독자적으로 이루어진 연구 결과들이 하나로 수렴하는 그 자체가 이 이론을 지지하는 중요한 논거가 되고 있습니다.[30]

교황 요한 바오로 2세는 과학에서 모은 자료가 오랫동안 믿어 온 신학의 진실들과 배치되지 않는다고 했다. 로마 가톨릭 전통은 물론 주류 개신교 지도자들도 진화를 지지하는 증거가 압도적이라는 데 동의하며, 신자들이 무엇을 믿을 것인지 선택의 여지를 남겨 두고 있다. 중요한 점은 진화의 증거가 방대하고 성경의 창조 이야기에 위배된다고 보지 않기 때문에 주류 종교 전통들은 진화론에 반대하지 않는다는

---

[30] 교황 요한 바오로 2세, '생명의 기원과 그 진화에 관한 연구와 교회', 1996년 10월 22일.

사실이다. 어떤 저항이나 두려움을 떨치고 진화론을 받아들이면, 창조가 펼쳐져 온 과정이 얼마나 아름다운지 알게 된다. 그러면 왜 경외감에 빠져들 수밖에 없는지, 어떻게 모든 것의 근원인 신비 안으로 던져지게 되는지 보게 된다.

진화 이론이 새로운 것은 아니었지만 진화가 어떻게 일어나는지를 설명한 사람은 찰스 다윈(Charles Darwin, 1809-1882)이었다. 1859년에 나온 「종의 기원」에서 다윈은 자연 선택의 과정을 설명한다. 모든 종에서 무작위로 생겨난 사소한 변화가 다음 세대로 전해진다. 크기나 모양, 생화학적인 면이나 행동이 바뀌게 되는 이런 변이 때문에 종의 구성원들은 생존과 번식에 영향을 받게 된다. 제일 잘 번성하고 번식한 종이 결국에는 보다 약하고 번성하지 못한 구성원들을 억누르게 된다. 향상진화anagenesis라 불리는 이 과정이 오랜 시간에 걸쳐 일어나게 되면 종에 변화가 생겨 결국에는 새로운 종이 등장할 정도의 큰 변화가 생기게 된다(새로운 종이란 번식을 통해 처음의 종을 낳을 수 없는 종을 말한다). 이 과정을 종 분화라고 한다.

다윈은 진화론을 내놓기까지 생물 지리학(종이 어디에 사는지 알아보는)과 고생물학(멸종 생명체를 연구하는), 발생학(태어나기 전의 발달을 살펴보는)과 형태학(해부학적 모양과 설계를 공부하는) 등 다양한 분야를 섭렵했다. 요즘 연구자들은 다윈에 비해 훨씬 더 다양한 방법으로 정보를 수집한다. 개체군 유전학, 생화학, 분자 화학, 유전체학genomics 등 모두가 지난 150년 동안 발전해 온 진화론을 뒷받침한다. 최근에 밝혀진 바로는 고립된 종은 하나도 없으며, 각각의 종은 다른 종들은 물론, 변화하는 환경과 역동적으로 관계를 맺으면서 그런 관계 맺기의 결과로 발전해 왔다고 한다. 진화 이론은 다양한 분야의 전문 정보가 모여 생명이 어떻게 발전해 왔는지를 가장 잘 설명하는 이론이 되었다. 사실 요즘 의학 연구에서, 특히 생명을 구하기 위한 바이러스 연구와 신약 개발에서 진화론이 빠진다는 것은 생각도 할 수 없다.

진화론은 신앙이 가르치는 것과 모순되는가? 전혀 그렇지 않다. 우리가 같은 유기체에서 진화해 왔다는 것 때문에 인간이 스스로를 의식하게 된 우주라는 의미가 덜해질까? 아닐 것이다. 그보다는 진화론을 통해 우리가 모든 피조물에 연결되어 있다는 것, 지구에 살고 있는 모든 종들과 친척 관계로 이어져 있다는 것을 확인하게 된다. 오랜 세월을 거슬러 올라가면 우리는 모두 같은 조상에서 나왔고, 개개의 종이 걸어온 궤적은 탐색하면 할수록 놀랍기만 하다. 진화론을 거부하는 것은 어쩌면 인간 중심주의에서 벗어나고 싶지 않으려는 또 다른 무의식의 저항일지도 모른다. 아니면 우주가 인간만을 위한 것이라는 오랜 환상을 유지하기 위한 것은 아닐까. 진화론을 뒷받침하는 증거가 충분함에도 불구하고 그렇게 저항한다면 다른 생명들은 물론 인간까지도 자유로울 수 없게 된다.

이렇게 보면 모든 피조물이 자유를 향해 함께 신음하고 있다는 게 조금도 이상하지 않다. 모든 피조물이 하나의 몸으로, 늘 무엇인가를 잉태한 상태로, 항상 새로운 것을 탄생시키려 고투하며 스스로를 확장하려 한다는 것도 놀랍지 않다. 모든 피조물은 창조의 신비에 동참하고 있다. 우리가 하느님이라 부르는 풍요로운 에너지는 진화 과정에서 핵심이다. 창조 안에서 작용하는 이 에너지를 통해 피조물은 자신에게 맞는 존재 양식으로 생명을 선택할 수 있는 힘을 부여받는다. 모든 피조물은 이 신성한 에너지가 내면에서 움직이는 것을 느낀다. 우리는 모든 피조물과 함께 초월과 탈바꿈의 동반자이며, 그런 의미에서 구원의 동반자이기도 하다. 개인이나 사적인 구원이 중요하지 않다거나 부수적이라는 말이 아니다. 다만 진화론이 보여 주듯이, 우리는 모두 서로 연결되어 있기에 창조계 전체를 포함하지 않은 구원은 불가능하다는 것이다. 그리스도의 몸은 단순히 같은 생각을 가진 사람들의 집단만이 아니라 온 생명을 포함한다. 바오로 사도는 말했다.

> 사실 지체는 많지만 몸은 하나입니다. 눈이 손에게 "나는 네가 필요 없다." 할 수도 없고, 또 머리가 두 발에게 "나는 너희가 필요 없다." 할 수도 없습니다. 몸의 지체 가운데에서 약하다고 여겨지는 것들이 오히려 더 요긴합니다(1코린 12,20-22).

진화론과 새로운 우주 이야기 덕분에 바오로 사도의 말에 담긴 의미는 한층 더 깊어진다. 이제 우리는 인간이 강에게 "나는 너희가 필요 없다."고 말할 수 없다는 것을 알고 있다. 숲에 사는 생물들에게도 "나는 너희가 필요 없다." 할 수 없으며, 우주 어느 곳에 있는 창조의 입자들에게도 "나는 너희가 필요 없다."고 할 수 없다. 모든 것은 신성하며, 모든 것은 신의 표현이고, 모든 것에 신성이 드러나 있다. 모든 것이 창조 그 자체인 사랑의 단일성 안에서 하나로 연결되어 있다. 그리고 의식 수준과 무관하게 모두가 창조 안에서, 창조 그 자체로 그 하나 됨에 동참하도록 부름받았다. 바오로 사도는 우리가 사소하게 여기는 창조계의 미미한 부분조차도 우리의 생명과 구원에 절대 필요한 요소들이라고 말했다. 창조계의 각 구성원들은 모두를 위한 선물을 갖고 있고, 그 선물을 거부하는 것은 전체를 약하게 만든다.

그리스도교 전통은 우리가 가진 은사가 우리 자신만을 위한 것이 아니라 공동체에도 유익한 것이어야 한다는 점을 늘 분명히 했다. 이것이 우주에서 우리가 맡은 소명이며, 우리가 존재하는 목적이자 의미이다. 구원은 그 뿌리에서부터 전체를 의미한다. 우리를 하나로 만드는 모든 지체肢體들을 인정하지 않고서는 온전해질 수 없다. 따라서 우리의 구원은, 즉 우리가 온전해지는 것은 모두의 구원과 복잡하게 엮여 있다. 지구 위에 사는 피조물로서 우리의 구원은 산과 그 골짜기를 흐르는 시냇물과 숲과 들판과 깨끗한 공기와 오염되지 않은 흙과, 지구와 인간의 존재를 가능하게 하는 생태계의 선물을 인정하고 받아들이는 데 달려 있다. 단지 '나'만을 위한 구원이나 배타적으로 '우리'만을 앞세우는 구원은 결코 구원이 아닐 것이다.

「창발 : 자아에서 본질로Emergence: The Shift from Ego to Essence」에서 바버라 막스 허버드Barbara Marx Hubbard는 지금 인류는 진화 과정에서 갈림

길에 서 있다고 말한다. 지금 시대는 호모 사피엔스(Homo sapiens, 지혜로운 이)에서 호모 유니버살리스(Homo universalis, 우주적 존재)로 전환해야 하는, 유례없이 긴박한 도전을 받고 있다는 것이다. 허버드는 진화 과정에서 지금이 그토록 중요한 순간인 이유는 인간의 의식적인 참여가 필요하기 때문이라고 말한다. 원시 인류에서 인간으로 이동할 때 우리는 의식적으로 참여하지 않았다. 인간의 자각 능력은 원시적이었고 자기 성찰 능력 또한 없었다. 이제 우리에게는 그런 능력이 갖춰져 있고, 우리가 지향하는 뜻을 세우고 동참하며 올바르게 선택하는 것이 무엇보다 중요하다는 것이다. 이 지구에서 계속 살아가려면 우리는 정말 '지혜로운 이'라는 이름값을 제대로 해야만 한다.

이제 우리에게는 이전의 인류가 경험하지 못한 종류의 의식을 사용해야 한다는 어떤 위급함이 있다. 인간이 종으로서 살아남을 수 있을지는 지구의 생존을 위협하는 많은 문제들을 어떻게 다루느냐에 달려 있다. 물질 만능주의와 자기중심적인 정치 태도, 종교적 광신, 인간의 무지로 인해 우리는 정치나 환경 영역에서 전례 없는 위기를 맞고 있다. 지구 위에 살고 있는 개인과 개인, 사람과 다른 피조물들, 인간과 생물·무생물 사이의 관계 모두가 위기를 맞고 있는 것이다. 예외는 없다. 조만간 우리는 이런 문제들을 처리하지 않은 채 의식의 가장자리에 밀쳐놓거나 아예 무시한 데 대한 답을 해야만 할 것이다. 억압 속에서 고통을 받아 온 인간의 모든 피붙이들이, (뭇 생명들과 토양·물·공기 등) 모든 지체들이 우리더러 깨어 의식적으로 보살피라고 울

부딪고 있다.

현재의 위기 상황이 급박하긴 하지만 신중하게 응답해야 한다. 분노하기보다는 보살핌으로, 두려워하기에 앞서 지혜롭게 응답해야 할 것이다. 어떤 의식으로 응답하느냐가 응답 자체만큼이나 중요하기 때문이다. 우리가 응답하는 과정 자체가 바로 진화의 다음 단계인 호모 유니버살리스로 나아가는 한 걸음이 되기 때문이다.

허버드는 "생명 전체와 가슴으로 연결되어 자연의 더 깊고 내밀한 지능에까지 파장이 맞춰진, 스스로와 세상의 진화 발전을 위해 자기 재능을 창의적으로 발휘하라는 영의 부름에 이끌려 나온 이들"[31]이 우주적 인간이라고 설명한다. 이 말은 관상 기도나 명상 같은 수행을 하는 이들에게도 해당된다. 우리의 가슴과 영혼을 꿰뚫는 침묵에 충실함으로써 평화와 지혜, 존재하는 모든 것을 향한 연민으로 채워져 온 생명과 가슴으로 연결되는 것이다. 그 자리에서 우리는 존재하는 것을 보다 명료하게 볼 수 있고, 따라서 무엇이 가능한지를 결정할 때보다 깨어 있는 의식으로 응답할 수 있게 된다. 이로써 우리는 시야를 흐리는 환상 없이, 주변을 둘러싼 것들에 대해 비로소 한없이 경이로움을 느끼게 될 것이다.

한없이 경이로움을 느낄 때 우리는 그저 감사한 마음과 경외감으

---

31 Barbara Marx Hubbard, *Emergence: The Shift from Ego to Essence*(Charlottesville, VA: Hampton Roads Publishing Company, Inc., 2001), 4.

로 무릎을 꿇게 된다. 그리고 바로 그런 감사한 마음에서 우러나, 태초의 불꽃이 우리 안에 살아 있다는 확신에서 행동하지 않을 수 없게 된다. 한마디로 사랑의 행위에 참여하게 되는 것이다. 우리가 그렇게 할 수 있는 것은 사랑이 우리를 빚었기 때문이다. 우리는 사랑함으로써 우리를 둘러싼 사랑에 동참하게 된다. 우리는 사랑한다. 우리를 정면으로 쳐다보며 도전을 던지는 위기에 제대로 응답하는 유일한 방법이 사랑이기 때문이다. 우리는 사랑한다. 사랑이신 성령께서 우리 안에 계시며 우리가 살고 있는 우주의 작은 부분에서 우리를 활동의 기반으로 삼으시기 때문이다. 하지만 우리가 참여하는 이 사랑은 우리를 편안하게 지켜 주는 부드럽고 폭신한 느낌의 것이 아니다. 오히려 때때로 절박한 현실을 직면하고 힘든 결정을 내리도록 내모는, 투지 가득한 은총이다. 그 선택으로 우리는 진화의 과정에서 한 발 앞으로 나갈 수도, 아니면 종으로서 생존 자체에 위협을 받을 수도 있다. 그렇게 힘든 선택을 하게 하는 사랑이다.

  진화는 인류의 존재를 비하하거나 폄하하지 않는다. 오히려 우리가 광대한 관계들로 짜인 그물망의 일부라는 점을, 유기적이고 우주적인 몸으로 이루어져 경외감을 불러일으키는 장엄한 전체의 일부임을 확신시켜 준다. 다양한 연구 분야에서 쌓인 지식 덕분에 우리는 서로에게 얼마나 깊이 연결되어 있는지 어렴풋이 볼 수 있게 되었다. 하지만 우리는 신비에 더 가까이 다가가야 한다. 진화에 관한 이론은 우리가 '어떻게' 여기까지 왔는지를 설명할 뿐이다. 오직 신비만이 '왜'라는 질문에 답을 주고 우리 존재의 목적과 의미를 알려 줄 수 있다.

우리가 스스로를 인식하게 된 우주라는 사실은 경이롭기 그지없다. 생각해 보라. 지금 이 글을 읽고 있는 여러분은 우주가 137억 년 동안 진화해 온 결과이다. 40억 년 동안 지구의 생명은 핵도 제대로 갖추지 못한 원시 세포에서 호모 사피엔스로 발달해 왔다. 우리 몸 안에 들어 있는 물에는 우주의 시작이 된 빅뱅 1초 후에 만들어진 원시 수소가 담겨 있다. 우리 몸을 이루는 탄소는 초신성 폭발로 이 자리에 올 수 있었다. 우리 몸의 소금 농도는 고대 바다의 소금 농도와 똑같다. 우리 몸을 이루고 있는 세포들은 수십억 년 전에 발달한 단세포 생물들의 직계 후손이다. 우리에게는 파충류 뇌가 있고, 우리가 걸어 다닐 수 있는 것은 5억 1천만 년 전에 발달한 등뼈 덕분이다. 우리가 볼 수 있는 것은 엽록소 세포가 변이 과정을 거쳐 나뭇잎처럼 눈으로 태양빛을 붙잡을 수 있게 되었기 때문이다. 그리고 어머니의 자궁 안에서 우리의 작은 몸은 지구의 다세포 생물이 진화해 온 과정, 즉 단세포에서 시작해 점점 더 복잡해지는 전 과정을 반복했다.[32] 캐롤라인 웹Caroline Webb은 진화의 핵심과 거기서 얻게 된 관점을 다음과 같이 표현한다.

우리의 몸은 지구 생명들이 거쳐 온 모든 역사를 나타낸다. 그리고 그

---

[32] Mary Conrow Coelho, *Awakening Universe, Emerging Personhood: The Power of Contemplation in an Evolving Universe*(Lima, OH: Wyndham Hall Press, 2002) 39–41.

역사는 산·강·바다·연못·바위·흙·물방울은 물론, 쉬지 않고 지구를 돌고 있는 대기의 역사이기도 하다. 우리 몸 안에는 지구와 온 태양계와 우주의 지성이 흐르고 있다. 환상적이지 않은가! 어떻게 경축하지 않을 수 있겠는가![33]

정말 경축하지 않을 수 없다! 우리 몸이 얼마나 오묘한지 생각하면 "당신께서 하신 일들 얼마나 경외롭습니까! 오, 하느님!"이라고 외칠 수밖에 없다. 우리 각자는 경이로운 결과이다. 어떤 종이든, 창조라는 방대한 범주 안에서 얼마나 작은 존재이든 우리는 거룩한 에너지이며, 우리가 하느님이라고 부르는 분께서 인내심을 가지고 사랑으로 빚은 존재이다.

진화가 들려주는 '어떻게'와 신비가 주는 '왜'가 한데 어우러져, 우리는 스스로가 어떤 존재이고 여기 있는 이유가 무엇인지 이미지를 그려 볼 수 있다. 스스로를 인식하는 우주로서, 우리는 의식을 통해 성찰하고 이해하며 모두를 대신해서 선택을 하기 위해 이 자리에 있다. 진화로 인해 인간의 지위가 격하되는 것이 아니라, '우리는 모두 하나'라는 고대 신비주의자의 말 속에서 울리는 깊은 신비를 간파할 수 있게 된다.

---

[33] Caroline Webb, "Weaving a World with Light", *Earthlight*, 14, 1(Spring 2004), 27.

성찰
관상

빅뱅 이후의 생명을 상상해 봅니다. 현미경으로 보고 있는 것처럼, 아주 작은 미립자의 세계로 들어가 눈앞에 있던 작은 무기물 조각에서 자그만 움직임이 생겨나는 것을 지켜봅니다. 그 작은 움직임에서 미세한 생명이 창발하는 것을 상상합니다.

어느새 눈앞에서 영겁의 시간이 흐르고 우주가 펼쳐지는 것을 지켜봅니다. 원자가 분자로, 분자가 세포로, 세포가 다세포 생물로 진화합니다. 호흡이라는 선물이 생겨나 유기체들이 숨을 쉬는 것을 봅니다.

빛을 붙잡을 수 있는 아주 특별한 세포가 생겨납니다. 이어서 엽록소가 생겨 광합성이라는 과정을 통해 식물을 먹여 살리는 것을 봅니다. 척추동물이 나타나고 사지가 생겨나 활동성이 커지는 것을 눈여겨봅니다.

원시적인 뇌가 생기고 그것이 점점 복잡해지는 것을 지켜봅니다. 이 태초의 과정이 한 번에 아주 작은 한 걸음씩 계속되어 드디어 인간이 등장합니다. 인간이란 존재가 생겨난 것은 그 이전에 일어난 모든 과정 덕분입니다.

경이로움

이제 그 인간이 진화를 계속해 당신이 되는 것을 지켜봅니다. 그리고 우주가 당신을 탄생시키기까지, 사랑이라는 신비 안에서 살아 움직이는 유일무이한 당신이란 존재가 탄생하기까지 얼마나 오랜 시간이 걸렸는지를 느껴 봅니다.

이 장에서 여러분이 받아들이기 어렵거나 저항을 느꼈던 내용은 무엇입니까? 한없이 경이로운 부분은 어디입니까?

잠시 고요히 앉아 있도록 합니다. 성령께서 여러분에게 어떤 것을 보여 주십니까? 여러분은 어떻게 응답하겠습니까?

거룩하신 창조주시여,

당신께서 그토록 정성을 들여

창조적으로 저희를 빚으신 것을 알게 되니

이 얼마나 경이로운지요!

인내로 돌보시는 당신의 사랑은 오래전 시작되어

바로 이 순간에도 계속되고 있습니다.

저희는 진정 축복받은 존재입니다.

저희가 당신이 창조하신 몸의 일부임을

깨달을 수 있도록 도와주소서.

저희가 지금껏 존재했던 모든 것과,

지금 존재하고 있는 모든 것,

그리고 앞으로 다가올 모든 존재들과

어떻게 연결되어 있는지를 깨닫게 하시고

그 깨달음 안에서 성장할 수 있도록 도와주소서.

저희가 생명을 의식하도록 도와주시고,

저희의 역할이 얼마나 중요한지 이해하도록,
그리하여 당신의 창조 사업에 동반자로 참여하도록 도와주소서.
저희가 우주 속 우리의 집,
행성 지구를 돌보는 선택을 하도록 도와주소서.
그리하여 당신의 사랑이
언제 어디서나 모든 이에게 드러나게 하소서. 아멘.

여섯 번째 이야기

강생과 광합성

예수님께서 다시 그들에게 말씀하셨다.
"나는 세상의 빛이다.
나를 따르는 이는 어둠 속을 걷지 않고 생명의 빛을 얻을 것이다."

― 요한 8,12

아드님은 하느님 영광의 광채이시며 하느님 본질의 모상으로서,
만물을 당신의 강력한 말씀으로 지탱하십니다.

― 히브 1,3

하지만 스스로를 내어놓으시는 하느님의 은총에
전적이고 완전하게 열려 있다는 점에서
예수님은 그 어느 누구와도 다르다.
진화의 산물인 예수님 안에서
우주는 분명하고 확실하게 하느님을 받아들인다.

― 데니스 에드워즈Denis Edwards

지구는 45억 년 전에 태양의 자식으로 터져났다. 처음 5억 년 동안은 별다른 활동 없이 서서히 식어 갔고 그동안 표면에는 단단한 지각이 만들어졌다. 지각이 발달하면서 산과 계곡이 생겼다. 다시 5억 년 정도의 시간이 지나자 생명이 태동하기 시작했다. 이때 등장한 원핵생물은 분명한 핵이 없는 원시 세포였다. 얼마나 놀라운 순간인가! 수십 억 년 동안 별의 잔해밖에 없다가, 화려한 나팔소리도 없이 자그만 무생명의 물질 한 조각이 살아 있게 된 것이다! 그리고 그저 물질이 생명을 띠게 되는 데서 그치지 않고, 생기자마자 스스로와 주변 물질들과 상호 작용을 시작했다. 생명은 시작부터 관계를 동반하고 나타난 것이다. 원시적이긴 하지만 이때의 관계는 분명 이후 나타나게 되는 모든 생명의 본질인 연결성을 기본적으로 표현한 것임에 틀림없다.

 진화 이론은 어떤 식으로든 생명체가 지닌 능력을 바꿔 놓는 변이가 일어난다고 본다. 그 변화가 생명 유지에 이로운 것이라면 변이는 생명체의 삶 속에 계속 남게 된다. 복잡한 생명체의 경우에 DNA에 일어난 변이가 다음 세대에게 유전된다. 맨 처음부터 우주 진화의 궤적은 생명을 향하고 있었고, 이는 훨씬 더 복잡하게 발달하는 것을 특징으로 하는 초월의 여정에서 분명하게 드러난다.

지구의 진화에서 가장 경이로운 순간은 약 30억 년 전에 일어났다. 단순한 구조의 원시 세포에 변이가 일어나 태양에서 오는 빛을 포획하는 광합성이 시작된 것이다. 광합성이라는 화학 반응에는 서로 다른 성분들 사이의 관계가 수반되고, 이제는 거의 모든 생명체가 이 상호 작용에 의존하고 있다. 광합성을 통해 자그마한 엽록소 분자들은 빛의 형태로 붙잡은 태양 에너지를 식량과 산소로 바꾼다. 식으로 표현하면 다음과 같다.

$$(빛\ 에너지) + 6H_2O + 6CO_2 \rightarrow C_6H_{12}O_6 + 6O_2$$

빛이 있을 때 물 분자(H_2O) 여섯 개와 이산화탄소 분자(CO_2) 여섯 개가 더해져 (포도)당 분자($C_6H_{12}O_6$) 하나와 산소 분자(O_2) 여섯 개가 만들어지는 것이다. 이 과정은 대략 이렇게 진행된다. 태양에서 온 광자(빛 에너지)가 엽록소에 와서 부딪친다. 엽록소가 이 빛을 흡수하면 물 분자에 있는 전자들은 원래보다 조금 높은 에너지 상태로 올라가게 된다. 그리고 물 분자가 나눠지면서 산소가 방출된다. 이때 나온 에너지가 아데노신 3인산(ATP)이라는 설탕으로 전환되어 광합성이 일어난 식물과 그 식물을 먹고 사는 생명체들을 먹여 살리게 된다.

광합성에는 태양에서 온 빛과 지구로부터의 물과 이산화탄소가 필요하다. 이산화탄소는 그 양이 너무 많으면 인간과 다른 생명체에 독이 된다. 광합성 과정을 통해 이산화탄소는 산소로 바뀌고, 산소는 대기 중으로 방출된다. 우리가 숨 쉬는 산소는 거의 대부분이 바로 광합성에서 생겨난다. (나무와 숲을 파괴하는 일이 위험한 것도 이러한 이유에서이다. 지구의 허파인 나무가 숨을 쉬는 것은 우리가 숨 쉬는 것과 긴밀하게 연결되어 있다.) 그 결과, 지구 위의 거의 모든 생명은 30억 년 전에 일어난, 이 작지만 특별한 변이에 의존하고 있다.

사실 최초로 어떤 세포가 태양빛을 식량과 산소로 전환하는 능력을 개발하게 된 진화의 단계 이전에도 태양은 계속 지구로 빛을 보내고 있었고, 지구는 내내 그 빛에 몸을 담그고 있었다. 하지만 생명이 진화해 이 새로운 지점에 이르기 전까지 빛은 지금처럼 영양분을 만들어 낼 수 없었다. 태양과 지구의 관계가 제한되어 있었다면 그것은 태양이 주지 않아서가 아니라 지구가 받을 수 없었기 때문이다.

태양은 매초 자기 몸의 400만 톤을 빛 에너지로 바꾼다. 태양이 내어놓는 이 에너지는 돌이킬 수 없는 것이다. 그리고 우리는 바로 그 덕분에 살아 있는 것이다. 태양의 너그러움은 한결같아서 지구는 언제나 햇빛에 싸여 있다. 자녀를 사랑하는 부모처럼 태양은 자식이 번성할 수 있도록 끝없이 자신이 가진 전부는 물론, 자신의 존재 자체를 모두 내어 준다. 광합성은 태양이 내놓은 것을 지구가 받아들이는 방식이고, 그로 인해 지구와 태양 사이에는 친밀한 유대가 생겨난다.

광합성에 대해 깊이 생각하다 보면, 강생(육화)을 떠올리게 된다.

나자렛 사람 예수 안에서 일어난, 신이 인간이 되어 오신 그 사건은 그리스도교의 근간을 이룬다. 진화와 광합성이라는 두 렌즈를 통해 강생을 바라보면 예수님이 누구시고 피조물들 사이에서 갖는 그분의 의미가 새롭게 드러난다.

시간이 시작된 이래로 거룩하신 분은 끊임없이 은혜로이 지구를 향해 빛을 내뿜고 계신다. 이에 대해 칼 라너는 삶 곳곳에 스며 우리를 지탱해 주시는 하느님의 본질을(이 은총을) '오롯이 쏟아붓다'라는 뜻에서 하느님의 자기 증여, 혹은 아낌없이 스스로를 내어 주는 것(self-communication, 자기 통교)이라고 하였다. 하느님께서 당신을 내어 주시는 자기 증여는 137억 년 전 빅뱅과 함께 시작되었다. 바로 이 하느님의 은총 안에서, 그 은총을 통해 별들이 태어나고 은하가 만들어졌다. 신은 초신성이 폭발해 우주 여기저기로 물질이 흩뿌려질 때도 있었으며 중력 같은 힘들이 물질을 끌어당겨 관계를 맺기 시작할 때도 있었다. 그런 발달 과정이 곧 하느님은 아니지만, 하느님은 그 과정에서 동떨어져 계시지 않는다.

하느님의 자기 통교는 지구가 태양 주위의 궤도로 들어와 모양이 갖춰질 때도 계속되었다. 하느님의 은총은 창조적인 발전이 이뤄지는 매 순간 내면에서부터 작동하고 시대마다 생명을 향해 나가도록 밀어대며 그곳에 있었다. 은총을 통해 식물과 바다 생물과 양서류와 날개 달린 생물과 파충류와 포유류가 나타났다. 삼엽충 · 물고기 · 상어 · 곤충 · 개구리 · 공룡 · 고래 · 원숭이 · 고양이 · 유인원 · 풀 · 영양 · 코

끼리 · 기린 · 사자 · 하마 · 개 · 낙타 · 호랑이 · 꽃 · 콩 · 돼지 · 소 · 양 · 늑대 등 상상할 수 없이 다양하고 놀라운 생명체들이 다채롭게 펼쳐져 나왔다. 하지만 창조주는 멈추지 않았다. 지극히 거룩하신 분의 창조력은 생명을 향한 우주의 강한 욕구로 드러났고, 그것은 억누를 수 없는 것이었다. 약 4백만 년 전 어느 순간 작은 포유류 하나가 똑바로 일어섰다. 침팬지보다 뇌가 조금 큰 이 원시 인류는 호모 사피엔스의 먼 직계 조상이다.

하지만 하느님의 은총은 여기서 멈추지 않고 내면에서부터 진화 과정을 계속해 나갔다. 인류가 발달하면서 뇌는 더 커지고 눈은 정면을 주시할 수 있게 되었다. 똑바로 서서 두 발로 걷게 되자 손이 자유로워져 물건을 잡거나 사물을 가리킬 수 있게 되었다. 은총으로 가득한 진화는 쉬지 않고 계속되어, 약 260만 년 전 생물 분류상 호모(Homo, 인간) 속屬이 등장하게 된다. 광합성으로 지구와 태양이 새로운 전기를 맞게 되었듯이, 첫 번째 인간의 등장으로 살아 있는 세계가 신과 맺는 관계도 전환기를 맞게 된다. 그로부터 240만 년 뒤인 약 15만 년 전 무렵 우리 종種이 등장했다. 우리가 아는 137억 년 우주 역사에서 스스로를 인식하는 의식이 생겨난 것이다. 다른 종들과 달리 호모 사피엔스는 자신이 안다는 것을 아는 능력이 있었다. 자기가 한 경험을 돌이켜 볼 수 있었고, 자신들의 기원과 의미와 목적에 대해 질문하기 시작했다. 진화적 용어로, 우주가 스스로를 인식하게 된 것이다! 얼마나 놀라운가!

약 10만 년 전쯤 이 새로운 종은 상징을 사용해 의사소통하는 언어 능력을 개발했다. 단어는 말하는 사람의 경험 일부를 나타내는 상징이다. 이것은 우주 이야기에서 또 다른 중요한 순간이다. 의식의 기억에서 흘러나오는 상징 언어로 인해, 인간은 다른 모든 종들과 결정적으로 구별되게 된다.

오래지 않아 인간은 자신들보다 더 큰 무언가와 관계를 맺기 시작한다. 그 존재가 가진 힘은 태양과 달과 별들에서, 천둥과 비에서, 불과 물과 같은 자연 현상에서 찾을 수 있었다. 아주 초기의 인간들도 직관적으로 거기에 무언가 신비스런 힘(들)이 있고 그 힘이 자기들의 삶과 복잡하게 연결되어 있다는 것을 알았다. 그들은 이 신비한 힘을 '신(들)'이라 불렀다. 유일신을 믿든 다신을 믿든, 인간 집단은 언어 능력을 통해 이 신성한 타자와의 관계를 의식 안에서 설명하고 기리는 신화와 의례를 만들어 내기 시작했다.

137억 년 동안 스스로를 내어 주는 하느님의 통교는 지구를 향해 빛을 발해 왔고, 결국 지구에서 생명이 점점 더 복잡하게 진화하게 했다. 이제 어느 한 종이 스스로를 인식하게 되어 늘 거기 있었던 이 빛나는 은총을 의식적으로 받아들이게 된 것이다. 정말 엄청난 돌파구가 아닐 수 없다.

우리의 종교 전통은 언어를 사용해 체험한 것을 숙고하고, 우리가 혼자가 아니라 모든 생명의 중심에 은총의 힘 또는 에너지가 있음을 직관적으로 파악한 인간 종種의 능력에 뿌리박고 있다. 모든 생명 안에 항상 존재하는 창조주의 신성한 힘이 호모 사피엔스의 의식이 깨어나면서 스스로를 드러낸 것이다. 히브리 성경은 어쩌면 자신들과 관계를 맺고 싶어 하는 이 은총이 가득한 에너지를 인간 종의 어느 집단이 발견한 이야기로 볼 수 있다. 히브리 사람들은 하느님이 누구인지, 어떻게 하면 신의 은총을 의식적으로 살 수 있을 것인가를 두고 씨름을 거듭했다. 이 단계의 인간 발달사에서 묘사된 하느님의 이미지는 예측할 수 없는 자연과 많이 닮아 있다. (자연 세계와의 만남에서 신을 생각하게 되었으므로 이상한 일은 아니다.) 창조주는 어머니처럼 피조물 위를 감돌며 품는 모습으로, 때로는 분노하고 복수심에 불타 거친 야훼로 그려진다. 신성한 영 '셰키나Shekinah'는 사막에서 그들과 동행하며 안내했다. 시편 저자들은 원수를 무찌르고 고통받는 이들을 위로하시는 하느님의 영광과 위엄을 노래했다. 그들이 이해할 수 있는 방식으로 당신을 드러내시며 소통하신 하느님과의 관계 속에서 시편 저자들은 자신들이 누구인지 고심했고, 그 가운데서 '하느님의 백성'이라는 의식은 자라났다.

    그리고 나자렛 예수라는 사람을 통해 하느님에 대한 이해는 결정적으로 성장하게 된다. 1세기 팔레스타인에 살았던 유다인 예수는 모든 것을 바꿔 놓았다. 예수 그리스도는 '몸을 취한 하느님'을 의미하는 강생(육화)으로, 그리스도교는 이 결정적인 계시에 기반하고 있다. 예수님이 인간, 즉 호모 사피엔스라는 것을 기억해야만 한다. 우리는 교리에서 예수님이 하느님께서 인간으로 위장한 것이 아니라 온전히 인간이라고 선언한 것을 잊어버리는 경향이 있다. 인간 예수님은 너무도 중요하다. 예수님은 인간 의식이 한 걸음 진화하는 주요한 단계를 몸으로 육화한 존재이시기 때문이다.

광합성의 이미지는 이를 이해하는 데 도움이 된다. 태양은 언제나 지구를 향해 매초 400만 톤에 달하는 자기 몸을 빛 에너지로 내뿜고 있다. 어떤 의미에서 그 빛은 광합성이 등장할 때까지 수용자가 없어서 모두 잃어버린 셈이다. 기초 작업이 갖춰지는 데 영겁의 세월이 걸렸지만, 마침내 지구가 준비되자 광합성이 시작되었다. 광자를 흡수해 식량과 산소로 바꿔 놓은 자그만 세포가 처음 등장하면서 태양의 빛나는 에너지는 비로소 제대로 받아들여지게 되었다. 그리고 그 사건으로 인해 지구 위의 모든 것이 바뀌게 되었고, 모든 생명이 예전과 달라지게 되었다.

햇빛과 마찬가지로 하느님의 은총은 지구를 향해 끊임없이 자신을 내어 주며 안팎에서 생명을 향해 쉼 없이 빛나고 있었다. 오랜 세월의 준비를 거쳐 인류는 마침내 은총을 좀 더 의식적으로 받을 수 있게 되었다. 예수님 자신과 그분의 거룩하신 분과의 통교를 통해 빛은 이전과는 완전히 다른 생명 안으로 들어왔다. 예수님은 하느님의 은총이 가득한 빛을 품어 받아들일 준비가 된 이들을 변모시키셨다. 오랜 세월 동안 지속된 환상을 깨고 예수님은 지극히 거룩하신 분을 제대로 이해하신다. 우리 인간이 가진 소통 능력을 통해 예수님은 당신이 알고 있는 것을 한없이 놀랍게 표현하기 시작하셨다. 데니스 에드워즈

Denis Edwards는 이렇게 말한다.

> (예수라는 인격 안에서) 모든 피조물을 향한 하느님의 자기 통교가 역사상 처음으로 구체적이고 손에 잡힐 듯이 표현된다. 여기 시간과 공간의 한 지점에서 피와 살을 가진 한 인간이 하느님께서 당신 자신을 내어 주시는 것을 철저하게 받아들였다. 이는 되돌릴 수 없는 것이다.[34]

우주의 시간과 공간은 수십억 년에 걸쳐 창조주의 사랑 안에서 그 사랑을 통하여 발달해 왔다. 그런 과정을 거친 우주가 마침내 예수라는 인격과 상징 안에서 창조주에게 온전하게 응답할 수 있는 지점에 도달한 것이다. 예수님은 창조하는 사랑이신 하느님을 완벽하게 받아들이셨다. 빅뱅으로 시작하여 지구가 탄생하고 생명이 발달하는 동안 계속되었고, 의식의 여명기로 도약하여 모든 생명이 하느님의 사랑과 은총 안에 받아들여지고 머무른다는 깨달음을 구현하신 예수님 안에서 완성되었다.

예수님은 하느님께서 배타적이지 않고 존재하는 모든 것을 그 빛나는 존재 안에 기꺼이 포용하신다는 것을 가르치기 시작했다. 모든 생명이 연결되어 있다는 것은 그저 물리적인 현상이 아니라 신의 현존

---

[34] Denis Edwards, *Jesus and the Cosmos*(Mahwah, NJ: Paulist Press, 1991), 69.

에 대한 본질적인 표현이다. 태양이 자신의 생명을 쏟아 지구 위의 생명들을 양육하고 지지하듯이, 지극히 거룩하신 분께서도 자신의 생명을 부어 우리를 양육하시고 지탱하신다. 이렇게 부어 주는 것의 본성은 사랑이다. 끝없이 희생하고 무한히 쏟아붓는 사랑이다. 엽록소와 물과 이산화탄소가 태양 에너지와 관계를 맺고 변모된 것처럼, 우리는 예수님을 통해 은총으로 가득하신 분과 관계를 맺고, 사랑으로 변환되어 사랑이 되도록 초대받는다. 그리고 거룩한 신비에 참여할 때 우리는 그것의 진정한 본성에 대해 돌아보게 된다. 다시 말해 자신의 존재 안으로 빛을 받아들일 때 우리는 성령의 숨결로 빛을 밝혀 주위에 있는 이들의 성장을 돕게 된다. 우리 자신이 연민이 되어 봉사와 지혜는 물론, 우리의 본질인 일치unity를 체험한다. 그리고 마침내 모두를 품어 안는 사랑, 곧 은총이 된다.

지극히 거룩하신 분과 새롭게 관계를 맺음으로써 예수님은 인류가 신비를 완전히 새롭게 받아들일 수 있는 길을 닦으셨다. 우리는 예수님을 인간의 삶 안에 하느님을 결정적으로definitive[35] 드러낸 사건이라고 고백한다. 예수님을 통해 사랑은 더 깊이 드러나고, 우리는 그 안에서 서로 연결되어 양육된다. 우리는 다른 이들과 더 깊이 연결되고, 그로 인해 우리의 삶은 탈바꿈하게 된다.

---

[35] 여기서 '결정적'이라는 표현은 '배타적exclusive'이라는 의미는 아니다. '진짜' 신을 두고 싸우는 종파들 때문에 너무 많은 폐해가 있어 왔다. 종교로 한정짓는 것은 인간이지 신이 아니다.

여름날 아침 집에 있을 때 나는 볕이 드는 뜨락에서 하루를 시작하는 것을 좋아한다. 눈을 감고 간질간질 살갗에 와 닿는 빛과 온기를 느끼며 가만히 있으면, 고요해지고 하느님의 빛이 내 몸 세포 하나하나에 스며드는 것 같은 느낌이 든다. 그리고 햇빛을 받고 있는 내가 빛을 내뿜는다고 상상한다. 신성한 빛이 맥박처럼 퍼져 나가는 상상을 하며, 예수님이 그러셨던 것처럼 조금 더 열리는 나 자신을 상상한다. 그러다 보면 궁금해진다. 갈릴래아에서 태양 아래 앉아 계실 때 예수님은 당신이 지극히 거룩하신 분의 현존을 얼마나 내뿜고 있는지 알고 계셨을까. 그리고 우리를 비추는 태양이나 예수님을 비추던 태양이나 같다는 생각에 이르면 경외감이 들게 된다. 예수님을 통해 맥박처럼 퍼져 나가던 빛나는 존재가 이제 우리를 통해 고동치고 있다. 바로 강생의 선물이다.

인류는 예수님으로 인해 진화의 단계에서 한 걸음을 더 내디뎠고, 이 한 걸음으로 모든 생명이 변화되었다. 하지만 진화는 멈추지 않고 지금도 계속 진행 중이다. 예수님은 사도들에게 "내가 진실로 진실로 너희에게 말한다. 나를 믿는 사람은 내가 하는 일을 할 뿐만 아니라, 그보다 더 큰 일도 하게 될 것이다. 내가 아버지께 가기 때문이다."(요한 14,12)라고 말씀하시면서 이를 알고 계셨던 것이 틀림없다. 예수님은 지극히 거룩하신 분과 하나가 되셨다. 그렇기에 우리는 모두 힘을 부여받았고 또 온 우주에 퍼져 계속해서 창조하는 신성한 에너지에 접속할 수 있다. 그리고 이를 깨닫고 관상하며 예수님처럼 창조주의 창조 작업에 동반자가 되어 매일매일 이 진리를 살아갈 수 있다.

　나아가 우리는 예수님께서 하신 일뿐 아니라 더 큰 일도 하게 된다. 진화가 계속되는 내내 하느님의 자기 증여를 받는 인간은 얼마나, 어떻게 더 커질까? 우리는 계속 진화해 호모 유니버살리스라는 새로운 종, 즉 나름의 방식으로 자신을 표현하는 욕구와 지구 공동체가 필요로 하는 것 사이의 긴장을 통합할 수 있는 역량을 갖춘 우주적인 인간이 될 수 있을까? 우리가 신과 연결되어 있다는 현묘한 경이로움 안에서 살 수 있는 역량을 갖춘 피조물이 될 수 있을까? 그만큼 우리는 <u>스스로에 대한 깨달음</u>을 키울 수 있을까? 지금 우리는 진화의 도약 시점에 있다. 도약을 이루기 위해서는 빛나는 사랑 안에서 의식적으로 참여해야 한다. 사랑 자체인 창조의 동반자로서 예수님의 삶이 전한 그 일에 참여해야 한다. 그리고 더 큰 일을 하기 위해서!

성찰
관상

45억 년 전 지구가 모양을 갖추고 태양 주위에 궤도를 잡기 시작하는 현장을 목격하고 있다고 상상해 봅니다. 지구가 식으면서 뜨거운 기체와 액체가 지각으로 바뀌는 과정을 지켜봅니다. 단순한 세포가 나타나 기적처럼 생명으로 도약하는 모습을 경이롭게 지켜봅니다. 그리고 태양이 내뿜는 빛 아래에서 생명이 퍼져 나가는 것을 바라봅니다. 놀라운 일이 일어나기 시작합니다. 작은 세포 하나에 집중합니다. 세포가 태양빛을 흡수해 광합성이라는 화학 반응을 시작합니다. 그 자그만 세포가 먹을거리와 산소를 내어놓는 것이 경이롭지 않습니까. 진화 과정의 혁명적인 순간이 아닐 수 없습니다. 지금 목격한 바로 그 광합성으로 인해 지구의 모든 생명은 변화되었습니다.

시간을 20억 년 앞으로 당겨 대지를 뒤덮은 다양한 동식물을 가만히 응시합니다. 눈앞에 아름다운 장관이 끝없이 펼쳐집니다. 자그맣고 보잘것없어 보이는 포유류가 똑바로 일어서서 걷기 시작하는 것을 지켜봅니다. 인류와 창조계 전체의 위대한 한 걸음을 목격합니다.

새롭게 진화한 이 피조물이 손으로 물건을 잡고 집중하는 법을 배우는 것을 바라봅니다. 언어가 생겨나고 상징으로 소통하는 능력이 발달합니다. 놀랍지 않습니까. 이들은 점점 더 번성하고 자기 인식이 커져 갑니다.

이제 그들은 모닥불 주위에 모여 앉아 이야기를 나누고, 자기보다 더 큰 존재를 위한 의례를 치릅니다.

1세기 팔레스타인의 유다 지역으로 가 봅니다. 예수라는 떠돌이 예언자가 사랑과 연대, 희생과 연민을 지니신 하느님에 대해 설교합니다.

지금 이곳에 있는 자신의 모습을 봅니다. 상상 속에서 방문했던 모든 순간들처럼 나는 진화의 산물입니다. 과거의 그 순간들과 나는 긴밀하게 연결되어 있으며, 또 다른 새로운 출발점에 서 있습니다. 창조주의 빛나는 사랑 안에 머무르며 그 사랑에 자신을 엽니다. 그리고 진화하라는 하느님의 초대에 응답할 수 있는 용기를 청해 봅니다.

광합성의 은유를 통해 기존에 갖고 있던 예수님의 이미지와 그분의 사명에 대한 생각에서 바뀌게 된 부분이 있습니까? 어떻게 바뀌게 되었습니까? 어떤 새로운 생각과 느낌이 듭니까?

이 장에서 여러분이 받아들이기 어렵거나 저항을 느꼈던 내용은 무엇입니까? 한없이 경이로운 부분은 어디입니까?

잠시 고요히 앉아 있도록 합니다. 성령께서 여러분에게 어떤 것을 보여 주십니까? 여러분은 어떻게 응답하시겠습니까?

06
강생과 광합성

빛나는 사랑이시여,
세상 첫 순간부터 당신은 모든 피조물에게 당신 자신을
아낌없이 내어 주셨습니다.
태초에 터져 나온 찬란함에서 은하가 등장하고
저 멀리 별들부터 당신께서 만들어 주신 저희 집 지구까지
당신은 저희가 생명을 향해 나아가도록
형상을 빚고 힘을 주셨습니다.
저희는 당신 손이 하신 일들에 진정 감탄하고
어떻게 하면 당신의 빛남을 받는지
계속해서 가르쳐 주시는 예수님의 삶에 경탄합니다.
그리고 당신께서 인간에게 주신 자기 인식이라는 선물을
겸손하게 받아들입니다.
인간이 스스로를 인식하게 된 이 우주를 비롯해,
이러한 능력이 저희뿐 아니라 모든 피조물의 선함을 위한 것임을
늘 잊지 않도록 도와주소서.

지금도 계속되고 있는 창조에 감사드리며
저희 한 명 한 명을 당신의 창조에
동반자로서 초대해 주심에 감사드립니다. 아멘.

일곱 번째 이야기

세상의 빛

RADICAL AMAZEMENT

나를 믿는 사람은 내가 하는 일을 할 뿐만 아니라,
그보다 더 큰 일도 하게 될 것이다.
내가 아버지께 가기 때문이다.

— 요한 14,12

너희는 세상의 빛이다. 산 위에 자리 잡은 고을은 감추어질 수 없다.
등불은 켜서 함지 속이 아니라 등경 위에 놓는다.
그렇게 하여 집 안에 있는 모든 사람을 비춘다.
이와 같이 너희의 빛이 사람들 앞을 비추어,
그들이 너희의 착한 행실을 보고 하늘에 계신 너희 아버지를 찬양하게 하여라.

— 마태 5,14-16

인류만이 유일하게 하느님을 도와 창조 작업에 동참하도록 부름받았다.

— 빙엔의 힐데가르트

예수 그리스도의 신성은 우주 역사 전체에서 창조적으로 작용한 신성과 똑같다.
이것은 우주의 심장에 있는 자기 초월의 힘이다.
부활하신 그리스도는 이 우주에 힘을 부여하는 절대자와 전적으로,
그리고 영원히 하나이시다.

— 데니스 에드워즈

요한 복음서에서 "나는 세상의 빛이다."라고 선언하신 예수님께서 마태오 복음서에서는 "너희는 세상의 빛이다."라고 선포하신다. 그리고 우리가 예수님 당신이 하신 일뿐 아니라 더 큰 일도 하게 될 것이라고 약속하신다. 말씀이 사람이 되신 예수님은 당신이 하느님의 마지막 창조라고 여기지 않으셨다. 강생(육화)이라는 진화적 관점에서 예수님은 놀랍고도 엄청난 의식의 진보를 이루어 인류가 신성의 빛으로 사랑에 온전히 응답하게 한다. 예수님 안에서 우리는 하느님의 은총이 "오롯이 부어 주시기에 전적으로 받기만 하는"[36] 것임을 체험하고, 인간이 사랑이신 지극히 거룩하신 분과 의식적으로 함께 창조의 관계 안에서 살아갈 수 있다는 것을 확인한다. 이로써 인간과 신성의 연결이 완성된다.

    예수님 안에 있는, 예수님을 통한 이 계시는 그 자체가 목적이 아니라, 예수님께서 '하느님의 나라'라고 하신 서로운 관계성 connectedness

---

36 Denis Edwards, *op. cit.*, 69.

의 시대를 이끌려는 것이다. 하느님의 나라는 인류가 자비와 봉사, 자유와 사랑을 특징으로 하는 새로운 삶의 방식을 받아들임에 따라 펼쳐지게 될 것이다. 병든 자를 낫게 하시고 '죄인들'과 식사를 하시며 하느님의 깊은 사랑을 가르치신 예수님의 행적에서 하느님의 나라는 바로 지금 여기서 살아 있는 체험이 된다. 이것이 바로 예수님의 생애와 죽음의 이유이자 우리에게 전해 준 비전이다.

우리가 당신이 하신 일보다 더 큰 일을 하게 될 것이라는 예수님의 약속은 우리에게 거는 기대가 얼마나 큰지를 보여 준다. 예수님은 성령이 준 힘보다 더 많은 것을 하라고 사도들을 다그치신 적이 없다. 하지만 언제나 사도들이 꿈꾸거나 상상한 것보다 더 많은 것을 해 내리라 기대하셨다. 그래서 예수님께서 우리가 더 많은 일을 할 수 있고 또 해야만 한다고 말씀하셨다면 분명 우리는 그 일들을 모두 할 수 있음에 틀림이 없다. 성경에도 나온다. "그리스도께서는 우리를 영광과 능력을 가지고 부르신 분을 알게 해 주심으로써, 당신이 지니신 하느님의 권능으로 우리에게 생명과 신심에 필요한 모든 것을 내려 주셨습니다. 그분께서는 그 영광과 능력으로 귀중하고 위대한 약속을 우리에게 내려 주시어, 여러분이 그 약속 덕분에, 욕망으로 이 세상에 빚어진 멸망에서 벗어나 하느님의 본성에 참여하게 하셨습니다."(2베드 1,3-4) 토마스 아퀴나스도 "육화로 인해 하느님께서 인간이 되셨고 인간이 하느님과 하느님의 본성을 나누게 되었다."[37]는 말로 그 믿음을 되새긴다. 예수님의 생애와 그분이 표상하는 모든 것은 결코 우주 역사에서 동떨어진 별개의 사건이 아니다. 그것은 온 인류를 새로운 깨달음의 단계로 이끄는 진화의 일보 전진과 의미가 같다. 예수님 안에서 하느님은 인간이 되셨다. 그래서 우리 또한 신성 안에서 우리의 몫을 펼칠 수 있게 되었다.

예수님 안에서 지극히 거룩하신 분은 잠재되어 있던 새로운 존재로 탄생할 수 있는 창발의 가능성을 활성화시켰고, 갇혀 있던 잠재력이 터져 나와 우주를 탈바꿈시켰다. 하지만 빛은 예수님에게만 들어가거나 국한된 것이 아니었다. 하느님의 나라는 예수님을 믿는 이들이, 예수님 선언대로 자신들 또한 세상의 빛이라는 것을 믿을 때 구체적으로 표현된다. 우리 또한 빛이 되라고, 하느님의 본성을 구체적이고 실질적으로 함께 나눠 가지도록 부르심을 받는다.

이렇게 신성을 자기 몫으로 주장하는 일을 언어도단scandalous으로 보는 이도 있을 것이다. 어떤 의미에서 그것은 맞는 말이다. '스캔들scandal'이라는 말의 어원인 라틴어 'scandulum'은 "올가미로 잡다to snare"를 의미하기 때문이다. 하지만 여기서 올가미는 일부 '뉴에이지'의 알맹이 없는 주장이 아니라 하느님이 누구시고 우리가 하느님의 모상대로 만들어졌다는 것이 어떤 의미인지를 제대로 이해하지 못한 데서 나왔다. 하느님을 묘사할 때 우리는 너무 쉽게 '모든 힘을 가진' '전

---

37 Thomas Aquinas, *In Eph*. 3, lectio 5. In Lamb, *Aquinas Commentary*, 147; in Matthew Fox, *The Coming of the Cosmic Christ*(San Francisco: Harper and Row, 1988), 116.

지전능한' '절대적인 힘을 가진' 등의 표현을 거의 반사적으로 사용한다. 하느님은 우리와는 명확하게 다른 최고의 존재이며, 모든 면에서 완벽하기에 우리와 닮았다고 상상할 수도 없다고 생각하는 것이다.

물론 하느님을 이렇게 권능과 힘을 가진 분으로 그려 볼 수도 있겠지만, 예수님은 당신의 삶과 가르침을 통해 전혀 다른 면들을 강조하셨다. 예수님은 하느님께서 어떤 분이신지 분명하게 이야기하셨고, 그런 예수님을 통해 우리는 지극히 거룩하신 분께서 우리가 상상할 수 있는 것보다 더 자비로운 분이심을 배우게 된다. 받아들일 수 없는 것을 받아들이시고, 사랑할 수 없는 이들을 사랑하시며, 모든 이들을 환대하시는, 온전해지고자 열망하는 이들 모두를 사랑하시는 하느님을 보게 된다. 예수님을 통해서 우리는 하느님께서 섬김 받기보다는 섬기는 분이시고, 힘보다는 연약함 vulnerability 을 선택하시며, 우리를 자유롭게 하기 위해 끊임없이 권한을 이양하는 분이심을 알게 된다. 하느님은 용서하고 치유하는 분이시며, 정의롭고 자비를 베푸는 지극히 거룩한 분이시다.

하느님이 이런 분이심을 받아들이려 하지 않고, 예수님이 하느님의 근본적인 본성이라고 하신 바로 그런 능력이 우리에게도 있음을 인정하려 들지 않는 것이야말로 진정 언어도단이다. 우리는 하느님의 모상대로 그분을 닮도록 만들어진 존재가 아닌가. 영민하게 깨어 있는 관상의 순간에 우리는 이를 알아채고 그 부르심을 이해할 수 있게 될지 모른다. 받아들일 수 없는 것을 받아들이고 사랑할 수 없는 것을 사랑할 수 있는 능력이 우리에게도 있다. 어떻게 봉사하고, 어떻게 용서하며, 어떻게 공정하게 자비를 베푸는 것인지 우리도 알고 있다. 우리 역시 정성껏 후하게 대접받을 수 있어야 하며, 사랑 앞에 약해지고, 억압에서 벗어나 자유로워져 하느님께서 넘겨주시는 권한을 받을 수 있다. 하느님의 본성을 나눠 갖는다는 것은 존재의 가장 깊은 부분에서 우리가 누구인가 하는 진리를 단순하고 완전하게 살아 내는 것이다. 그리고 혼자서는 아무것도 할 수 없지만, 성령의 힘을 받아 태산도 움직일 수 있다는 것을 인정하는 것이다. 우리에게 주어진 하느님을 닮은 본성을 거부하는 것은 겸손의 행위라기보다는 예수님의 삶과 죽음을 통해 우리에게 주어진 하느님의 권능을 거부하는 것이다. 그리고 이를 거부하는 것은 인류를 위한 것도 모든 피조물의 생명에 이바지하는 것도 아니다.

하느님의 본성을 우리가 나눠 받은 것을 인정하더라도 여전히 질문은 남는다. 우리가 가진 이 하느님의 본성으로 무엇을 어떻게 할 것인가? 어떻게 하는 것이 신성이라는 선물에 충실하게 사는 것일까? 어떻게 하면 진화의 다음 단계에 참여하고 우리가 창조주와 본질적으로 연결되어 있음을 더 깊이 확인할 수 있을까? 단지 앞으로만 나아가는 것이 아니라, 어떻게 하면 이 고난의 시간이 너무나도 중요한 탈바꿈transformation이라는 도전에 필요한 강인함과 지혜를 찾을 수 있을까? 사도 바오로가 그랬던 것처럼 우리도 자주 이렇게 말한다. "나는 내가 하는 것을 이해하지 못합니다. 나는 내가 바라는 것을 하지 않고 오히려 내가 싫어하는 것을 합니다."(로마 7,15) 우주의 창발emergence은 고사하고 자신의 삶에서도 무기력함을 느낄 때가 많지 않은가.

다시 한 번 현대 과학이 이룩한 성과에서 도움이 될 만한 이미지를 얻을 수 있다. 생물학자 루퍼트 셸드레이크Rupert Sheldrake는 원인 형성Causative Formation[38]으로 알려진 가설을 제안했다. 이 가설에서 셸드레이크는 자기 조직 시스템의 형태를 보존하는, 눈에 보이지 않는 형태형성morphogenetic 혹은 형태발생morphogenic 장場이 있다고 가정한다. 자기 조직 시스템이란 내부에서부터 스스로를 유지하는 형태나 구조를 말한다. 인간이나 가족, 공동체, 조직, 생명권 같은 것이 자기 조직 시스템의 예이다. 하지만 기계 부품들로 조립된 자동차는 외부에서 누군가가 조정해 주어야만 작동하기 때문에 자기 조직 시스템이 아니다. 자기 조직 시스템은 살아 있어서 주변 환경에 역동적으로 반응하며 창조적으로 진화하면서도 내적 통합성internal integrity을 유지한다. 각 시스템에는 나름의 형태장이 있어, 세상은 서로 겹치고 상호 작용하는 장場들로 가득하다. 형태장은 에너지의 장과는 다르지만, 시스템의 전체성을 유지하는 정보를 전달해 시스템이 가진 에너지를 다룬다. 비드 그리피스는 다음과 같이 설명한다.

우주에는 여러 가지 에너지 장들이 있다. 물론 에너지 하나만으로 우

---

[38] 형성 원인Formative Causation으로 더 많이 쓰인다. - 역자 주

주를 설명할 수는 없다. 형태를 만드는 formative 힘도 있어야 하기 때문이다. 이 힘은 물리적이지 않은 비에너지 장으로 존재한다. 셸드레이크는 이 장을 '형성 원인 formative causes' 혹은 '형태발생장'이라 부른다.[39]

인류라는 종種 안에서 형태장은 사고와 행동, 언어의 습관을 만들어 낸다. 어떤 면에서 형태장은 기억의 장이기도 하다. 셸드레이크는 "한 종種을 이루는 구성원들은 그 종이 가진 집단의 기억에 의지하고 과거 구성원들에 귀를 기울인다. 그리고 종이 앞으로 더 발전해 나가는 데도 기여한다."[40]고 설명한다. 시간이 지나면서 기억하게 된 습관들은 유기체가 가진 내부 규칙으로 흡수되어 후세대가 새롭게 등장하는 패턴을 좀 더 쉽게 배우도록 돕는다. 비드 그리피스는 이렇게 정리한다.

> 유기체는 자라면서 어떤 장과 공명하기 시작한다. 유기체가 특정한 경로를 따라 갈수록 점점 더 습관이 되고 그 장에서 가능한 마지막 형태에 이를 때까지 계속 성장한다.[41]

---

[39] Bede Griffiths, *A New Vision of Reality: Western Science, Eastern Mysticism and Christian Faith*(Springfield, IL: Templegate Publishers, 1989), 20.
[40] Rupert Sheldrake, "In the Presence of the Past: An Interview with Rupert Sheldrake", http://www.bibliotecapleyades.net/ciencia/ciencia_morphic13.htm.
[41] Bede Griffiths, op. cit., 22.

살아 있는 시스템은 그것을 이루는 부분들로만 설명되지 않는다는 것을 우리는 직관적으로 알고 있다. 인간은 그저 세포 조직들이 모인 집합체가 아니다. 공동체에는 개인들의 모임을 뛰어넘는 무언가가 있다. 생명권은 그저 여기저기 산과 들이 모여 있는 것이 아니다. 정확하게 설명하기는 어렵지만, 언제나 눈에 보이지 않는 형언할 수 없는 정수essence 혹은 실재presence가 있다. 구조화된 전체의 안팎에 존재하는, 이 눈에 보이지 않는 형언할 수 없는 실재를 셀드레이크는 형태장이라 설명했다.

형태장이라는 낯선 개념을 이해하는 데 도움이 되는 몇 가지 예가 있다. 우선 개를 대상으로 한 습관적인 반응 연구로 우리에게 익숙한 러시아의 과학자 이반 파블로프(Ivan Pavlov, 1849-1936)의 이야기이다. 파블로프는 쥐를 훈련시켜 종이 울리면 특정 먹이통으로 달려가도록 했다. 1세대 쥐들이 종소리를 듣고 지정된 먹이통으로 바로 달려가게 되기까지 평균 300번의 반복훈련이 필요했다. 그런데 1세대 쥐에게서 난 새끼들은 부모에게 아무런 훈련도 받지 않았는데 100번 만에 먹이통을 찾아갔다. 그 다음 세대는 30번도 되지 않아 같은 행동을 학습했다. 애석하게도 파블로프는 쥐가 보인 이런 행동의 원인을 알아내기 전에 세상을 떠났다.

하지만 다른 연구자들이 뒤이어 연구를 계속했다. 하버드 대학의 윌리엄 맥두걸William McDougal 박사가 비슷한 실험을 했는데, 여기서도 세대가 내려갈수록 이전 세대에게서 교육을 받지 않고서도 더 짧은 시간 안에 새로운 행동을 습득하는 것이 확인되었다. 30번째 세대에 이르자 쥐들은 채 20번도 되지 않아 새로운 행동을 익혔다고 한다. 참고로 맥두걸의 실험에서 1세대가 그 행동을 배우는 데는 165회 이상의 시행착오가 필요했다고 한다.

이야기는 더욱 흥미로워진다. 맥두걸의 실험을 스코틀랜드 에든버러의 생물학자 크루F.A.E. Crew가 되풀이하였다. 크루는 하버드 연구에서 사용된 쥐의 직계 후손은 아니지만 유전적으로 비슷한 쥐들을 사용했는데, 이번에는 25번 만에 똑같은 새로운 행동을 습득했다고 한다. 같은 시기에 오스트레일리아의 에이거W.E. Agar도 동일한 실험을 하였고, 이 실험에 참여한 쥐들도 약 25번 만에 새로운 행동을 배웠다. 이 쥐들의 후손으로 실험을 계속하자 50번째 세대에 이르러서는 새로운 행동 학습에 필요한 시행착오가 훨씬 줄었다고 한다. 일단 한 세대가 어떤 행동을 배우게 되면 그 이후 세대가 원래는 새롭고 어려웠던 행동을 배우는 것이 더 쉬워지는 것 같다. 이런 현상은 인간들 사이에서도 나타나 언어 습득과 같은 인지적 기술이든 자전거 타기와 같은 신체적 기술이든 후세대가 새로운 행동을 배우는 것은 전대보다 한결 쉬워진다.

사람을 대상으로 한 실험 결과도 흥미롭기는 마찬가지다. 1979년 프린스턴 공과 대학 특이 현상 연구소(The Princeton Engineering Anomalies Research, 일명 PEAR)[42]에서는 로버트 얀Robert G. Jahn의 지도

---

[42] http://www.princeton.edu/~pear 참조. http://www.experiencefestival.com/a/Morphic_fields/id/10320 "Morphic Fields Can Now Be Measured Scientifically" 참조.

아래, 의식의 다양한 유형을 알아보는 연구를 시작했다. 1998년 당시 PEAR의 책임자였던 로저 넬슨Roger Nelson은 글로벌 의식 프로젝트(에그EGG 프로젝트라고도 불린다)에 착수했다. 무작위 사건 발생 장치(Random Event Generators, 일명 REGs)라 불리는 복잡한 첨단 기계를 이용해 여러 집단에 속한 사람들이 나타내 보이는 다양한 의식 유형을 측정하는 것이 목적이었다. 프로젝트 이름과 같이 '에그'라고 불린 REGs는 주변에서 일어나는 양자 투과[43] 현상을 감지할 수 있는 센서들로 구성되었고, '무작위'로 센서에 들어온 정보는 컴퓨터에 모아졌다. 그리고 한 집단이나 글로벌 의식에 일어나는 특이 현상을 측정하기 위해 이 장치를 세계 곳곳에 설치했다. 이렇게 수집된 자료를 분석해 특별한 사건이 일어났을 때 전 세계에서 통계적으로 의미 있는 변화가 의식에 일어났는지를 살펴보았다. 이 분야에 참여하고 있는 연구자는 이렇게 말한다.

축적된 자료에서 일관된 패턴을 찾아볼 수 있다. 우리가 강력한 사건에 집단적으로 연루되었을 경우에 REGs 검출기 네트워크가 보인 반응에는 아주 미세한 상관관계가 나타난다. 전반적인 결과가 우연이 아닐 확률은 100만 분의 1에 불과하지만, 전 지구적인 규모의 의식의

---

[43] quantum tunneling. 고전 물리학에서는 투과가 불가능한 장벽을 통과하는 양자 역학적인 현상. 예를 들어 벽에 테니스공을 던지면 튕겨 나가지만, 전자電子는 벽을 통과할 수 있다. – 역자 주

장 같은 것이 있음을 암시한다.[44]

더 흥미로운 것은 2001년 9월 11일 사건과 관련된 자료이다. 그날 전 세계에서 37개의 '에그'가 보고되었다. 월드트레이드센터에서 폭발이 있기 전과 진행 중일 때, 그리고 폭발이 끝난 후에 무작위로 사건에서 발생하는 전류를 기록하는 차트를 보면 첫 번째 비행기가 건물에 충돌한 오전 8시 45분 정각에 신호가 급등한 것으로 나타났다. 그리고 두 번째 비행기가 다른 빌딩에 충돌한 9시 3분에 신호는 더 강해졌다. 이때쯤 언론 보도로 전 세계에 사건이 알려졌고, 이것은 글로벌 의식이 증가한 것으로 설명할 수 있다. 하지만 흥미로운 점은 REGs에 기록된 글로벌 의식이 실제로는 새벽 4시에, 그러니까 첫 비행기가 목표물에 충돌하기 거의 5시간 전부터 증가하기 시작했다는 점이다. 다시 말해, '어떻게' 그런지는 알 수 없지만 비행기 납치범들이 계획을 실행하기 시작했을 때부터 글로벌 의식은 신호를 보내고 있었던 것이다.[45] 연구에 참여한 과학자들도 이 결과가 결정적인 것은 아니라고 인정한다. 하지만 연구 결과를 보면 형태발생장이 있을 가능성을 가리키는 것처럼 보이는 것도 사실이다.

또 다른 예로 명상이 도시의 높은 범죄율에 영향을 주는지를 보려

---

[44] "Who Is Roger Nelson?" Parapsychological Association website, www.parapsych.org. (관련 기사 http://archived.parapsych.org/members/r_d_nelson.html – 역자 주)
[45] von Buengner, "Morphic Fields".

한 실험도 있었다. 강력 범죄를 줄이고 정부의 효율성 개선 등을 목적으로 한 시범 사업이었다. 1993년 이 실험을 위해 전 세계 60여 개국에서 약 4천 명의 명상가들이 미국의 수도 워싱턴 D.C.로 모여들었다. 그 연구를 이끈 연구진은, 이전에 실행된 다른 41편의 연구 결과에 근거해, 범죄가 크게 줄어들 것이라고 예측했다. 6월 7일에서 7월 30일까지 참가자들은 매일 두 번 모여 그 도시에 사는 사람들이 느끼는 스트레스를 줄여서 강력 범죄를 줄이겠다는 지향을 세우고 명상했다. 통계 분석을 해 보니 명상 실험이 진행된 두 달 동안 강력 범죄는 거의 25퍼센트나 줄었고, 다른 요소로는 그것을 설명할 수 없었다고 한다.[46] 한 가지 가능성은 실험에 참여한 많은 명상가들이 다 함께 긍정적이고 생명을 북돋우는 형태발생장을 만들어, 거기에서 나온 에너지가 영향을 끼쳤다고 보는 것이다.

요약해 보면 형태발생장은 자기 조직 시스템의 안팎에서 작동하며, 시스템을 조직하거나 그 형태를 유지하는 것을 돕는다. 중력이나 전자기력처럼 이 장들은 눈에 보이지는 않지만 그것이 미치는 영향은 체험하거나 측정할 수 있다. 이 장은 에너지로 이뤄져 있다기보다는 시스템의 통합성을 보존하는 정보 시스템이다. 이 장들은 일관성을 제공하고, 후세대들이 보다 쉽게 행동을 배우도록 하는 일종의 기억을 담고 있다. 새로운 것이 궁극적으로는 습관이 되어 종들의 집단 기

---

[46] Institute of Science, Technology and Public Policy. www.istpp.org/crime_prevention.

억에 담기게 되는 것이다. 이로써 형태발생장은 한 시스템의 안정성을 유지시키는 동시에 창조력과 새로운 것이 등장할 수 있도록 돕는다.

그렇다면 이 형태발생장이라는 개념이 예수님께서 전해 주신 비전, 즉 우리가 빛이 되는 하느님의 나라라는 꿈을 우리의 것으로 만드는 데는 어떻게 도움이 될까? 우선 자기 조직 시스템으로서 형태발생장은 우리 각자가 개인 또는 다양한 집단의 일원으로서 갖는 정체성에 필수적integral이라는 것을 인식해야 한다. 우리가 생각하고 행동하고 말하는 모든 것이 우리를 지탱해 주는 형태장의 질에 기여한다. 다시 말해, 우주가 의식을 갖게 됨에 따라 우리의 선택이 우리가 살고 있는 장의 조건에 기여하게 된다. 그리고 형태를 만들어 내는 힘을 가진 이런 장들이 우리를 둘러싼 에너지의 질을 만들어 내고 영향을 준다.

우리에게 부어 주신 하느님의 본성인 빛을 우리 것으로 하려면 우선 우리의 행동과 태도를 이루는 형태발생장을 살펴보아야 한다. 우리가 지닌 가치들이 예수님께서 가르치신 것에 얼마나 가까운지 스스로에게 물어보아야 한다. 예수님께서 말씀하신 되찾은 아들의 비유나 되찾은 은전의 비유, 씨 뿌리는 사람의 비유 등은 모두 우리 개인에게 영향을 미치는 장場들을 드러내고 우리를 빛으로 인도한다. "너희는 원수를 사랑하여라."(루카 6,27) 하신 말씀과 "네 마음을 다하고 네 목숨을 다하고 네 힘을 다하고 네 정신을 다하여 주 너의 하느님을 사랑하고 네 이웃을 너 자신처럼 사랑해야 한다."(루카 10,27)와 같은 명령들은 우리를 예수님께서 주신 비전의 핵심으로 이끌어 준다. 바오로 사도의 말도 도움이 된다.

> 여러분이 받은 부르심에 합당하게 살아가십시오. 겸손과 온유를 다하고, 인내심을 가지고 사랑으로 서로 참아 주며, 성령께서 평화의 끈으로 이루어 주신 일치를 보존하도록 애쓰십시오.(에페 4,1ㄴ-3)

성경은 우리의 형성장이 어떠해야 하는지를 일러 준다. 우리가 사랑에 이바지하는 시스템이 될 때 우리는 모든 것에 연결되어 있음을 겸손하게 인식하고, 온유하고 인내하는 마음에서 흘러나오는 평화의 형태발생장을 만들게 된다.

성경에 뿌리를 두고 예수 그리스도의 삶을 따라서 살아갈 때 우리는 예수님의 기억과 사명을 계속 살아 있게 하면서 그분이 남기신 비전과 가치들을 우리 의식의 장에 더 깊이 새길 수 있다. 예수님을 경외의 대상으로만 삼는 것이 아니라 우리 자신이 하느님의 나라의 중심이 되는 것이다. 우리가 소명을 따라 올곧은 삶을 살 때 우리의 습관적인 행동들이 형태발생장을 바꿔 놓게 되고, 따라서 다른 이들도 쉽게 응답할 수 있는 환경을 만드는 데 일조하게 된다. 사람들은 주변에서 흘러넘치는 사랑에 저항하지 못하고 빨려 들게 될 것이다. 자기 조직 시스템인 공동체에서 우리는 사랑의 형태발생장을 유지하고 창의적으로 발전시키며, 나아가 우주의 변화에 기여하는 동력이 된다.

몇 년 전에 나는 내가 세상을 보는 방식을 크게 바꿔 놓은 꿈을 꾸었다. 꿈에 달콤한 꿀이 뚝뚝 떨어지는 벌집이 나왔는데, 그냥 평범한 벌집이 아니라 시작도 끝도 없이 시야를 가득 채우는 거대한 벌집이었다. 황금빛이 도는 벌집을 자세히 들여다보니 벌집 모양이 내 눈앞에서 변하기 시작했다. 신비하게도 내 삶 안에 있는 모든 관계들이 다 펼쳐져, 하나하나가 서로 이어지며 끝없는 관계의 그물망으로 연결되어 있는 것이 보였다. 내가 만나는 한 사람 한 사람을 통해 수많은 사람들과 연결되고, 전 세계 모든 사람들이 이어져 있다는 것을 깨달았다. 벌집은 바로 지구가 되었고, 나는 우리 모두가 하나이며, 설령 깨닫지 못해도 우리의 본성은 하나 됨에 있다는 것을 확신하게 되었다.

꿀이 뚝뚝 흐르는 벌집의 이미지는 바로 그런 진실을 내게 보여 주었다. 즉 성장을 계속하며 그러한 연결성을 체험한 또 다른 사람들이 서로 끌어들이고 끌려가는 형태발생장을 만들어 내는 것을 생생하게 보여 주었다. 이 이미지 덕분에 나는 내가 맺고 있는 관계들의 질에 관심을 갖게 되었다. 연결되기를 거부할 수는 없지만 그 관계를 어떤 성질의 것으로 만들 것인지는 내게 달려 있으니 말이다. 나는 모두가 함께하면 혼자서는 꿈도 꿀 수 없는 일들을 할 수 있다고 믿는다. 즉, 우리가 지닌 하느님의 본성을 인정하고 가능한 한 온전하게 그 초대에 응하며 "너희는 세상의 빛이다."라고 선언하는 것이다. 클라리사 핀콜라 에스테스 Clarissa Pinkola Estes는 이에 대해 잘 표현했다.

영혼의 빛은 불꽃을 일으키고, 불길을 치솟게 할 수 있으며, 불씨를

쌓아 적당한 곳으로 옮겨 붙도록 한다. 지금처럼 어두운 시대에 영혼의 등불을 밝히는 것은 맹렬하면서도 자비로운 행동으로, 둘 다 대단한 용기가 요구되는, 너무나 필요한 행동이다. 버둥거리며 분투하는 영혼은 온전히 밝게 빛나며 그 빛을 기꺼이 드러내는 다른 영혼에게서 빛을 받는다.[47]

불꽃을 일으키는 이가 되는 것, 불길을 치솟게 하고 불과 같이 맹렬한 존재가 되는 것이 바로 이 세상이 우리에게 절실히 요구하는 바이다. 모두 함께 빛을 우리의 것으로 받아들여 다시 한 번 모든 피조물이 자신의 근본적인 본성과 가장 깊은 곳의 진실을 알도록 하자. 이 얼마나 놀라운 초대인가!

---

[47] Clarrisa Pinkola Estes, Ph.D. "Mis Estimados: Do Not Lose Heart", 2003.

성찰
관상

예수님과 함께 꿈을 꾸어 봅시다. 빛으로, 불꽃으로 가득하신 예수님의 모습을 마음으로 그려 봅니다.

예수님께로부터 나오는 빛이 사도들과 친구들, 아픈 이들, 고통받고 외롭고 두려움에 떠는 이들을 어루만지는 것을 지켜봅니다. 예수님께서 한 사람 한 사람을 어루만지실 때마다 그들도 빛으로 가득 차는 것에 주목하십시오.

이제 예수님께서 여러분을 어루만지십니다. 자신이 뜨겁게 불타오르는 것을 느껴 봅니다. 내면의 모든 불순물은 그 불길에 타 사라지고, 여러분은 완전히 탈바꿈해 온전해집니다.

주변의 다른 사람들도 마찬가지로 탈바꿈하고 온전해지는 것을 봅니다. 예수님께서 한 사람 한 사람을 빛으로 살라고, 그것을 여러분의 본성이자 진실로 받아들이라고 초대하십니다.

예수님께서 다가오는 사람들에게 손을 내미십니다. 빛이 점점 자라나 여러분 주변은 사랑으로 환히 빛납니다.

이제 예수님께서 물러나십니다. 여러분이 하느님의 빛을 계속 이어 갈 것이고 지구 끝까지 확장시켜 나갈 것을 아시기 때문입니다.

습관적인 생각과 말과 행동에 비추어, 여러분이 갖고 있는 형태발생장이 어떤 것인지 묘사해 봅니다. 여러분은 어떤 에너지를 다른 사람에게 전파하고 있습니까? 여러분을 둘러싼 형태발생장의 어떤 부분을 바꾸고 싶습니까? 그 작업을 어떻게 해 나가겠습니까?

이 장에서 여러분이 받아들이기 어렵거나 저항을 느꼈던 내용은 무엇입니까? 한없이 경이로운 부분은 어디입니까?

잠시 고요히 앉아 있도록 합니다. 성령께서 여러분에게 어떤 것을 보여 줍니까? 여러분은 어떻게 응답하겠습니까?

빛의 하느님,

저희에게 당신의 빛을 전달하는 이가 되라고 요청하시고,

저희가 당신의 불꽃이 되어 세상을 비추고

사랑을 드러내라고 하시니 감사드립니다.

저희가 어떤 존재인지 알려고 하지 않고 회피하려 한 것을,

거짓된 겸손이나 두려움으로

당신의 초대에 저항한 것을 용서하소서.

당신께서 명하신 사랑의 불꽃이 되어,

당신께로부터 떨어지지 않고,

당신의 뜻에 의해

저희가 이 신성한 신비에 참가하고 있음을 알게 하소서.

오늘 저희가 어디를 가든,

빛과 함께함을 의식하게 하소서.

그리하여 세상을 변모시킬 사랑의 장을 만들게 하소서. 아멘.

07
세상의 빛

여덟 번째 이야기

홀론 이론

그리스도께서는 우리를 자유롭게 하시려고 해방시켜 주셨습니다.
그러니 굳건히 서서 다시는 종살이의 멍에를 메지 마십시오.
형제 여러분, 여러분은 자유롭게 되라고 부르심을 받았습니다.
다만 그 자유를 육을 위하는 구실로 삼지 마십시오.
오히려 사랑으로 서로 섬기십시오.

— 갈라 5,1.13

인간은 무한히 확장할 수 있는 의식의 한 중심에 있다.
그리고 성장함에 따라 인류를 이루는
복잡 다양한 인간 군상 전체와 점점 더 통합되어 간다.

— 비드 그리피스

하느님께서는 다른 모든 것을 염두에 두고
우주의 만물을 마련하셨습니다.

— 빙엔의 힐데가르트

영성 생활에서 자유는 사랑과 같다.

— 제럴드 메이Gerald May

어떤 과목을 배우기 전에 얼마나 알고 있는지 확인하는 '예비 시험'을 치를 때가 있다. 갈라티아서에 나오는 "그리스도께서는 우리를 _____ 하시려고 해방시켜 주셨습니다."(5,1)라는 구절이 예비 시험에 나온다면 우리는 빈 칸에 어떤 말을 채워 넣을까? 봉사나 공동체, 사랑, 자유, 연민, 덕 등 많은 단어가 떠오른다. 하지만 바오로 사도가 쓴 단어는 자유이다. 우리가 누리는 자유는 그리스도께서 우리에게 주고자 하신 것이자 우리를 향한 부르심이다.

자유에 대해서라면 우리 모두 할 이야기가 몇 가지씩은 있을 것이다. 그리고 그 대부분은 서구 문화와 우리가 살고 있는 개인 중심의 사회를 떠받치는 기본 원리들일 것이다. 요즘 자유라는 말은 정치적인 독립과 개인이 원하는 목표와 꿈을 억압 없이 추구하는 뜻으로 많이 쓰인다. 정치적인 자유가 기본 인권의 하나이기는 하지만 그리스도께서 우리를 자유롭게 하기 위해 해방시켜 주신 자유에 비하면 작은 일면에 불과하다.

흔히들 자유라고 하면 '자기 식대로 하는' 것으로 생각한다. 다른 이들과 연결성은 물론이고, 심할 경우에는 자기 내면의 존재와의 연결성도 무시한다. 전체와 무관한 이런 종류의 피상적인 자유는 자칫 의도와는 반대로 우리를 구속하기 십상이다. 예를 들어, '경제적인 자유'를 원한다면서 물질주의나 소비주의에 사로잡혀 가진 에너지와 창의력을 모두 소진하고 만다. 우리를 안전하게 지켜줄 것이라 생각한 것의 노예가 되어 버리는 것이다. 이렇게 우리는 때로 자유에 대한 환상 때문에 그 희생자가 되곤 한다. 처음에는 반짝거림에 이끌려 다가갔다가 이내 어둡고 치명적인 현실에 말려드는 것이다. 우리가 생각한 자유가 다분히 협소하고 제한적이라는 사실이 점점 더 분명해진다. 끊임없이 성장하고 확장하는 우주라는 관점에서 볼 때 자유에 대한 이러한 피상적인 이해로는 더 이상 충분하지 않다.

자유에 대해 피상적인 수준을 넘어서 이야기할 수 있는 가능성을 홀론 이론에서 찾을 수 있다. 여기에 소개하는 홀론 이론은 자연 과학을 아우르긴 하지만 대부분 철학자인 켄 윌버Ken Wilber의 통합 모델에서 따왔다. 통합 모델은 자연 과학과 사회사, 문화사, 심리학 등의 다양한 분야들을 하나의 일관된 체계로 통합한 것이다.

실재라는 것은 홀론 혹은 전체/부분으로 구성되어 있다. 윌버는 홀론을 이렇게 정의한다.

> 홀론은 그 자체가 전체인 동시에 다른 전체의 부분이다. 이를테면, 온전한whole 원자 하나는 온전한 분자의 부분이고, 그 분자는 온전한 세

포의 한 부분이며, 그 온전한 세포는 또 온전한 유기체의 부분이다. 다른 예로, 한 글자는 그 자체로 온전하면서 한 단어의 부분이고, 단어는 또 다시 온전한 문장의 부분이며, 문장은 다시 문단의 일부이다. 모든 영역domain의 실재는 기본적으로 온전한 전체인 부분들로 이루어져 있다.[48]

여기서 말하는 모든 영역에는 생물학이나 심리, 사회학과 같은 학문 분야와 상관없이 우주에 있는 모든 것, 지구에 있는 모든 것이 포함된다. 예를 들어, 원자는 그 자체로 전체로서 나름의 통합성을 유지하는 분리된 개체이다. 하지만 원자는 분자의 일부이기도 하다. 마찬가지로 분자는 나름대로 구분되는 존재 양식으로 전체이면서 보다 복잡한 전체의 일부이기도 하다. 따라서 분자도 홀론이다.

홀론은 점점 더 복잡한 형태로 창발하게 된다. 세포는 분자나 원자보다는 복잡하지만, 자신을 구성하는 원자나 분자 없이는 존재할 수 없다. 각각의 홀론은 자신보다 간단한 홀론을 포함하고, 거기서 새로이 창발하는 전체는 부분을 이루는 전체들보다 더 복잡하다. 새롭게 창발한 홀론은 아래 단계의 홀론들 없이는 존재할 수 없다. 홀론은 더 복잡한 홀론 안에 자리를 잡고 또 그보다 더 복잡한 홀론 안에 자리를 잡는 발달의 위계 구조, 즉 홀라키holarchy[49]를 형성한다. 모든 존재들은

---

[48] Ken Wilber, *A Theory of Everything*(Boston: Shambhala Publications, Inc., 2000), 40.

이 홀라키라는 구조를 통해 연결되어 있다. 윌버는 홀론 하나가 파괴되면 그 상위 단계의 모든 홀론들도 파괴된다고 말한다. 분자를 없애버리면 세포와 조직, 유기체들도 더 이상 존재할 수 없게 된다.

물리적인 단계
유기체 유기체 유기체
조직 조직 조직 조직 조직
세포 세포 세포 세포 세포 세포 세포 세포 세포 세포
분자 분자 분자 분자 분자 분자 분자 분자 분자 분자 분자 분자
원자 원자 원자 원자 원자 원자 원자 원자 원자 원자 원자

점점 더 복잡하게 발달하는 홀론
홀론의 각 단계는 아래 단계를 포함하는 구조

이 이론은 시스템을 조직하는 데도 적용될 수 있다. 개인이 한데 모여 가족·마을·기관·국가 등의 사회 집단을 형성한다. 구성원 하나가 바뀌면 전체 집단이나 기관도 바뀌게 된다. 집단의 구성이 달라졌기 때문이다. 구성원 하나하나가 가진 나름의 의식과 존재는 집단 전체를 구성하는 필수 요소이다.

신체를 다루든 의식을 다루든 홀론 이론은 모든 사물과 사람이 어

---

49 홀론holon과 위계 구조hierarchy가 합쳐져 홀론들의 위계 구조를 의미한다. - 역자 주

떻게 다른 존재들과 근본적으로 연결되어 있는지를 보여 준다. 뚜렷하게 독립된 존재라 할지라도 우리는 언제나 더 큰 전체의 일부이다. 부분들이 전체를 구성하고 따라서 전체에 영향을 끼친다. 개개의 문화는 홀론이다. 지구는 홀론이다. 우리태양계도 홀론이다. 전체라고 여기는 모든 것도 보다 복잡한 무엇인가의 일부이고, 이 모두가 하나의 우주 안에 담겨 있다. 원자 없이 분자가 있을 수 없고, 분자 없이 세포가 있을 수 없다. 그리고 모두가 번성하려면 상호 연결된 시스템이 안정되어 있어야 한다. 이렇게 연결성은 피할 수 없는 현실의 본질적인 면이다. 그래서 우리가 어떻게 연결되어 있는지, 우리 삶을 구성하는 다양한 부분과 전체에 관심을 기울이다 보면 우리가 세상을 보는 방식이 달라지기 때문에 근본적으로 다른 체험을 하게 된다.

홀론이 가진 네 가지 역량

홀론들은 모두 기본적으로 네 가지 역량을 가진다.

* 자기 보전 능력(자신의 독자성을 유지할 필요)
* 자기 적응 능력(공존적 교섭[50] 또는 친교 communion의 필요)
* 자기 초월 능력(더 큰 복잡성을 향한 움직임)
* 자기 소멸 능력(소멸과 죽음을 향한 움직임)

---

[50] 「모든 것의 역사」,(켄 윌버, 조효남 옮김, 대원출판, 2004)에서 인용 – 역자 즈

홀론이 가진 네 가지 역량

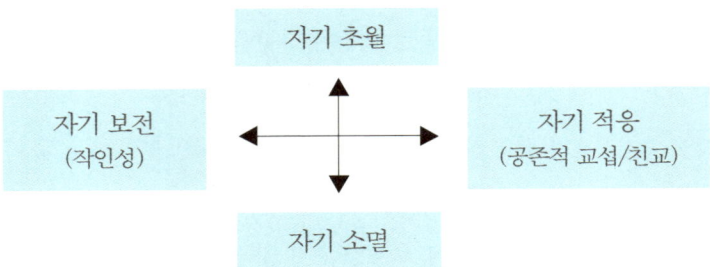

모든 홀론은 전체로 행동할 수 있는 나름의 전체성 혹은 내적 통합성을 유지할 역량이 되고 또 그래야만 한다. 인간에게서 이는 개인성individuality과 독자성autonomy을 향한 욕구로 드러난다. 타고난 재능으로 스스로를 남들과 구별되는 개인으로 정의하는 것은 인간이 타고난 기본 과업이다. 이것이 바로 자기 보전 혹은 작인성(作因性, agency)[51]의 핵심이다.

홀론이 가진 자기 보전성은 자기 적응성을 필요로 하고 또 서로 균형을 이룬다. 모든 홀론이 더 큰 홀론의 부분이므로 전체의 일부로 기능하기 위해 각자가 가진 개인성이나 작인성을 어떤 식으로든 제한하고 적응해야 한다. 필요에 따라 우리는 전체가 더 크게 드러나도록

---

[51] 자기 정체성과 자율성을 유지·보호하기 위한 홀론의 능력과 기술을 의미(『모든 것의 역사』 p.54에서 인용) — 역자 주

자신이 가진 개인성을 제한하거나 달리 표현하기도 한다. 홀론은 자기 보전과 자기 적응을 창조적인 긴장 관계 속에 품고 있다. 자기 보전의 욕구가 클수록 자기 적응력은 떨어지게 되고, 그 반대 역시 마찬가지이다. 홀론이 이 긴장을 얼마나 잘 다루느냐에 따라서 성장의 질이 결정된다.

정상적인 발달 과정에서 작인성과 공존적 교섭 사이의 긴장은 점점 쌓여 가기 마련이다. 이 두 역량 사이의 긴장을 조절하는 유연성이 떨어지면 교착 상태에 빠지게 된다. 홀론의 삶과 발달의 과정에는 성장의 기회가 가득하다. 왜냐하면 새로운 단계로 나아가거나 때때로 완전히 새로운 홀론으로 성장할 가능성이 바로 그 긴장 속에 있기 때문이다. 그리고 이 긴장에서 홀론의 세 번째 역량인 자기 초월이 나오게 된다.

보통 홀론은 현재보다 더 큰 존재가 될 수 있는 가능성을 갖고 있다. 현재의 한계를 초월해 더 복잡한 존재로 나아갈 수 있는 능력이 있고 또 그렇게 해야 할 필요도 있다. 자기를 초월해 보다 복잡해지려는 충동이 있는 것이다. 홀론이 복잡해질수록 홀론의 의식도 더 커진다. 이렇게 스스로를 초월하는 모습은 인간 발달의 모든 영역과 단계에서도 찾아볼 수 있다. 청소년기는 아동기를 넘어선 결과이고, 성인은 청소년이 가진 자기 초월 능력에서 자라 나온다. 성인이 되어서도 우리는 자신이 선택한 분야에서 더 나아지기 위해 가진 기술을 더 닦고, 성숙해 가면서 의식을 더 키우려 노력한다. 자기 보전과 자기 적응, 작인성과 공존적 협력/친교 사이의 긴장을 잘 해결할 때마다 우리는 자기 초월의 역량을 발휘해 이전보다 더 의식적이 되고 더 깨어 있으며 더 유능한 존재로 발전하게 된다.

홀론의 자기 초월성은 그와 반대되는 자기 소멸의 가능성과 긴장 관계에 있다. 모든 홀론은 자기 초월의 반대 방향으로도 움직일 수 있다. 갈등을 거부하고 변화에 저항하거나 긴장 속에 무너져 내릴 수도 있는 것이다. 작인성과 친교 사이의 긴장 속에서 균형을 잡고 헤쳐 나가야 하는 것처럼 초월과 소멸, 생명과 죽음이라는 긴장 사이에서도 균형을 잡고 헤쳐 나가야만 한다.

자기 초월의 역량에서 자유에 대해 깊이 생각하게 된다. 인간이라는 홀론으로서 우리는 상존하는 자기 보전과 자기 적응 사이에서 길을 찾아 헤맨다. 자기만의 고유한 진실을 찾아 스스로를 표현하고 자신만이 할 수 있는 기여를 하고자 내면의 움직임에 따른다. 동시에 우리는 내면 깊이 자리 잡은 친교의 욕구도 강하게 느낀다. 즉 스스로를 표현하는 것만큼이나 분명하게 우리를 규정하는 관계들에 대한 관심과 지향을 갖고 살고자 한다.

자기 보전과 자기 적응 사이의 충돌은 피할 수 없다. 어떤 때는 내면의 핵심과 연결이 끊길 정도로 자신을 너무 많이 내어 주고, 어떤 때는 융통성 없이 개인성만 고집하다가 친교의 기회를 놓쳐 버리고 만다. (불안할 때도 있지만) 이런 밀고 당김은 대개는 무의식적으로 일어난다. 하지만 때로는 아주 힘들게, 의식적으로 선택을 하기도 한다. 어떻게 도달했든지 이 지점에서 자기 초월의 기회, 즉 예수 그리스도께서 우리에게 요청하시고 우리를 위해 가지셨던 비전인 자유를 얻을 기회가 무르익는다.

어느 홀론이나 내면에 신성한 창조력의 불꽃과 무언가 새로운 것으로 발전해 갈 힘을 갖고 있다. 진화적 면에서는 우리가 점차 자기중심적인 태도를 벗고 보다 통합된 상태로 나아간다고 할 수 있다. 영성적으로는 세상의 변화를 위해 우리 안에서, 우리를 통해 일하시는 성령께 우리의 가슴을 여는 것이라고 할 수 있다. 우주에서 일어나는 자기 초월의 대부분은 정상적인 성장과 발달 과정의 일부이다. 하지만 더 큰 존재가 되려는 움직임의 어떤 부분은 선택해야만 한다. 그런 선택을 하려면 자유로워야 한다.

홀론이라면 다 그렇듯이, 인간이라는 홀론의 자기 초월 능력은 자기 소멸 능력과 긴장 관계에 있다. 몸은 쇠약해지고, 상실의 상처를 겪기도 하며, 생명을 갉아먹는 죽음을 경험하기도 한다. 두려움에 굴복해 자기 안에 갇혀 매몰되기도 한다. 삶의 이런 요소들을 악[xvi]이나 위협으로 보기보다는, 우리의 의식을 날카롭게 벼리고 자유롭게 성장하는 데 도움이 되도록 활용할 수 있다.

그리스도께서 우리에게 바라신 자유는 우리가 온 마음을 다해 원할 때에도 결코 자동적으로 쉽게 주어지는 것이 아니다. 자유롭게 산다는 것은 우리가 지금껏 가능하다고 꿈꾸거나 상상한 것 이상이 되기를 요청하는, 창조적 성령과 협력해 자기 초월의 과정에 들어감에 있어서 두려움에 발이 묶이지 않는 것을 의미한다.

자유롭게 살기 위해서 우리는 존재의 기본 바탕이 되는 연결성을 인식할 필요가 있다. 우리가 홀론 안에 있는 또한 그 홀론 안에 있는 홀론임을 깨달아야 한다. 우리가 하는 모든 행위가 우리를 부분으로 하는 다른 모든 전체에 영향을 미치고 또 우리를 전체로 만드는 다른 부분에도 영향을 미친다. 의식적으로 자유롭게 산다는 것은 창조주께서 우리 안에서는 물론, 우리를 둘러싼 모든 곳에서 창조를 계속하고 계신다는 것을 신뢰하고 우리가 항상 더 큰 전체의 일부가 되는 것을 의미한다. 자유롭게 산다는 것은 불완전하고 완성되지 않은 상태에 만족한다는 의미이기도 하다. 왜냐하면 '완벽하고' '완성된' 것이란 수십억 년 전 시작되어 수십억 년 더 계속될 기나긴 과정에 참여할 때 무의미해지는 것이기 때문이다. 모든 것이 완전하지 않고, 모든 것이 자기 보전과 자기 적응, 초월과 소멸, 사랑과 두려움 사이의 긴장 안에서 최선을 다하고 있다. 그러므로 그리스도께서 우리를 위해 주신 자유 안에서 산다는 것은 자기 자신이나 다른 모든 이들을 판단하지 않는다는 의미이기도 하다.

자유로울 수 있기에 인간이 자기 초월의 과정에 협력할 수 있다는 점은 분명 놀랍다. 하지만 인간뿐 아니라 모든 생명도 자기 초월의 역량을 갖고 있다는 점도 놀랍기는 마찬가지이다. 아무리 원시적이고 초보적인 생명일지라도 지금 현재보다 더 큰 존재가 되고, 더 온전하게 참여하며, 다른 모든 부분에 영향을 줄 수 있는 능력이 있는 것이다.

어느 한 부분이라도 자유로워지면, 연결되어 있는 전체에 영향을 미친다. 어떤 전체라도 자유로워지면 자신을 구성하고 있는 모든 부분들에 영향을 미친다. 그리고 인간은 더 큰 전체를 구성하는 하나의 부분에 불과하기에, 인간을 중심에 두고 자유를 생각해 온 지금까지의 방식은 이제 사라져야 한다. 인간은 더 이상 물에게 "나는 네가 필요 없다."라고 하거나 열대 우림에게 "나는 너를 원하지 않는다."라고 말할 수 없다. 지구 위의 모든 자원은 아주 복잡하고 긴밀하게 짜여 전체를 이루고 있기 때문이다. 우리가 다른 부분들을 어떻게 존중하고 돌보느냐 하는 것은 바로 우리가 스스로를 어떻게 존중하고 돌보느냐와 같다.

    그리스도께서는 우리를 자유롭게 하시려고 해방시키셨다. 이때의 자유는 좁은 자신의 한계를 벗어나, 모든 고정된 범주를 넘어 혼자서 체험할 수 있는 것보다 의미 있고 중요한 더욱 큰 전체의 일부가 되는 자유를 의미한다. 자유로워질수록 우리는 우리가 연결되어 있는 관계의 질에 더 주의를 기울이게 된다. 우리의 영이 어떻게 우리 삶의 모든 부분들을 건드리는지, 우리의 영이 어떻게 다른 모든 것들을 건드리는지 깨닫게 된다. 자유 안에서 산다는 것은 존재하는 모든 것 사이의 복잡한 연결성에 주의를 기울이며 산다는 것이다. 정말 한없이 놀라운 깨달음이 아닌가!

성찰
관상

눈을 감고 자신의 몸을 느껴 봅니다. 몸 여기저기서 느껴지는 다른 느낌들, 무게감과 길이와 넓이를 느껴 봅니다. 몸 안의 장기들과 근육, 뼈, 신경계를 내면의 눈으로 바라봅니다. 더 깊이 안으로 들어가, 신체 조직의 일부를 바라봅니다. 이제 세포 하나하나를, 다음에는 분자를, 그 다음에는 원자를 들여다봅니다. 원자 단계의 여러분은 단단한 물질보다는 에너지에 가깝습니다. 그리고 여러분과 '다른' 것을 나누는 확연한 경계도 없습니다.

지금 이 순간 여러분과 다른 피조물들 사이에는 아무런 구분도 없습니다. 여러분은 더욱 큰 에너지의 일부로서 거기에 동참해 그 에너지를 나누고 있습니다. 이 현실이 여러분 안에 깊이 들어와 자리 잡도록 합니다. 여러분은 많은 부분들로 이뤄져 하나의 전체를 이루고, 동시에 훨씬 더 큰 전체, 즉 모든 생명을 포용하는 신비의 부분이기도 합니다. 바로 그 지점에서 자유에 대해 생각해 봅니다. 내면에 있는 관상의 장소에서 오는 이 자유는 여러분이 이전에 생각했던 자유와 어떻게 다릅니까?

경이로울

신체뿐 아니라 감정과 정서, 기억 등 여러분을 전체로 만들어 주는 부분들에는 어떤 것들이 있습니까? 여러분이 그 일부가 되는 홀론에는 어떤 것들이 있습니까? 여러분의 삶 속에서 생각할 수 있는 모든 홀론들을 목록으로 작성하거나 그림으로 그려 봅니다.

여러분에게 주어진 자유라는 선물에 대해 숙고해 봅니다. 여러분 자신을 위해서 그리고 다른 이들을 위해서 그 자유를 어떻게 사용하겠습니까?

이 장에서 여러분이 받아들이기 어렵거나 저항을 느꼈던 내용은 무엇입니까? 한없이 경이로운 부분은 어디입니까?

잠시 고요히 앉아 있도록 합니다. 성령께서 여러분에게 어떤 것을 보여 줍니까? 여러분은 어떻게 응답하겠습니까?

 기도

오! 은혜로우신 하느님,
당신께서는 저희를 자유로운 존재로 창조하셨습니다.
그리스도의 삶과 기도와 가르침과 죽음은
바로 저희를 자유롭게 하시기 위한 것이었습니다.
저희가 편협하고 자기중심적인 생각에서 벗어나
진정 자유로움이 무엇인지 깨달을 수 있도록 도와주소서.
저희 안에 있는 긴장들을 창조적으로 다루고,
최선을 다해 생명을 선택하며,
그리스도께서 요청하신 '더 큰 일'을 하도록
저희를 돕는 초월의 힘을 신뢰하도록 도와주소서. 아멘.

아홉 번째 이야기

블랙홀

나는 내가 하는 것을 이해하지 못합니다.
나는 내가 바라는 것을 하지 않고 오히려 내가 싫어하는 것을 합니다.

― 로마 7,15

일반 상대론에서는 밀도가 너무 높아
탈출 속도가 빛의 속도를 넘어서는 물체가 있을 것이라고 한다.
그런 물체 주변의 시공간은 너무 많이 휘어져서 빛도 빠져나올 수가 없다.
그래서 블랙홀이라고 불린다.

― 리처드 울프슨Richard Wolfson

초월과 자유를 향한 여정에 무임승차란 있을 수 없다. 삶에서 당연하게 여겨 온 이러저러한 것들을, 값비싼 대가를 치러야만 한다. 자유로워지려면 사랑이 아니라 두려움으로 스스로를 규정하는 자아 중심적인 태도를 줄여 나가야 한다. 스스로를 초월해 점차 더 큰 존재로 진화를 계속하는 이들은 성장을 위해 지불하는 이런 대가가 결코 아깝지 않다는 것을 인정한다. 자유롭게 사는 것, 빛 속에서 사는 것이 우리가 태어난 목적임을 이해하기 때문이다.

홀론의 특성 중에서 자기 초월 능력과 자기 소멸 능력은 늘 긴장 관계에 있다. 우리가 쉽게 혹은 자동적으로 자유로워질 수 없는 이유는 반대 방향으로 당기는 힘도 있기 때문이다. 다른 것에 저항하거나 변화를 두려워하는 것뿐 아니라 살면서 자연스럽게 몸과 마음이 와해되는 것도 모두 자기 소멸의 체험이다. 자기 소멸의 에너지와 만나는 것을 피할 수는 없다. 하지만 이 만남에 어떻게 응답할 것인지는 우리의 몫이다. 다행히 새로운 우주 이야기에서 자기 소멸의 에너지를 이해하는 데 도움이 되는 이미지를 찾아볼 수 있다.

새로운 우주론에서 블랙홀만큼 흥미진진한 것도 아마 없을 것이다. 블랙홀은 기상천외한 공상 과학 소설이나 등골이 오싹한 영화에도 자주 등장한다. 흔히 엄청나게 빠른 속도로 시공간을 넘나들며 항해하던 우주선이 위기에 빠져 블랙홀 가까이 다가갔다가 광대한 암흑 속으로 빨려 들어가 모습을 감추곤 한다. 이런 묘사가 전부 맞는 것은 아니지만, 블랙홀이 놀라운 천체라는 점은 분명하다.

"올라간 것은 반드시 내려오게 되어 있다."고 한다. 하지만 꼭 그런 것은 아니다. 물체를 정말 빠르게 위로 던지면 지구의 중력권을 벗어나 우주 공간으로 나가게 된다. 물체가 자신을 끌어당기는 다른 물체의 중력을 벗어나 계속 움직이는 데 필요한 속도를 탈출 속도라고 하는데, 지구를 벗어나는 데에 필요한 탈출 속도는 초속 11킬로미터가 조금 넘는다.[52]

아인슈타인은 일반 상대성 이론에서 밀도가 너무 높아서 그 중력장 안에서는 아무것도, 심지어 1초에 30만 킬로미터를 이동하는 빛조차도 빠져나올 수 없는 천체가 있을 것이라고 암시했다. 이후 그런 천체가 존재한다는 것이 확인되었고, 이를 블랙홀이라 부른다. 블랙홀은 거대한 별이 죽을 때, 자체 중력이 너무 커서 자기 안으로 붕괴하며 엄청나게 밀도가 높은 특이점 singularity이라 불리는 지점으로 빠져들 때 만

---

[52] Richard Wolfson, "Einstein's Relativity and the Quantum Revolution: Modern Physics for Non-Scientists", second edition, video course(Chantilly, VA: The Teaching Company, 2000).

들어진다. 블랙홀은 별처럼 질량을 이야기할 수 있는 천체가 아니며, 그 영향만 확실하게 느껴지는, 뚜렷한 경계가 없는 시공간의 어떤 영역이라고 할 수 있다.

블랙홀의 크기는 사건의 지평선으로 정의되는데, 이 지점을 넘어서면 그 무엇도 되돌아 나올 수 없다.

> 그 안쪽에서 무슨 일이 일어나는지 우리는 알 수 없다. 정보가 우리에게 도달하지 못하기 때문이다. 사건의 지평선을 블랙홀의 표면이라고도 한다. 하지만 사실 블랙홀은 사건의 지평선이 만드는 구의 중심에 있는 특이점이다. 특이점은 모든 물질이 중력의 끌어당김을 견디지 못하고 부서져 빠져들게 되는, 밀도는 무한대로 높지만 공간은 거의 차지하지 않은 점이다. 모든 블랙홀의 중심에는 특이점이 있다.[53]

블랙홀의 질량이 크면 클수록 사건의 지평선 혹은 영향권도 더 커진다. 블랙홀은 보이지는 않지만 주변 물질에 미치는 영향으로 그 존재를 알 수 있다. 예를 들어, 블랙홀로 끌려드는 입자는 점점 속도가 빨라지면서 온도가 아주 높아져 고온에서 엑스선을 뿜어내게 된다. 이렇게 측정한 엑스선에서 블랙홀의 존재를 알 수 있다. 우리은하를 비

---

[53] Laura A. Whitlock, Kara C. Granger, and Jane D. Mahon, "The Anatomy of Black Holes", http://imagine.gsfc.nasa.gov.

롯해 모든 은하의 중심에는 블랙홀이 있다고 한다.

블랙홀의 크기는 다양하다. 별이 죽고 나서 만들어진 블랙홀은 질량이 태양의 몇 배에서 10배 정도로 상대적으로 작은 크기이다. 중간 크기의 블랙홀은 태양 질량의 수백 배에서 수천 배에 달하고, 은하 중심에 있는 초거대 블랙홀은 태양보다 수백만 배에서 수천억 배 더 질량이 크다.[54]

만약 우리가 블랙홀을 향해 여행한다면 어떤 일이 일어날까? 우주선을 타고 항해하는 중에 엑스선 탐지기에 블랙홀이 관측되었다고 상상해 보자. 아무리 찾아보아도 블랙홀의 경계는 찾을 수 없겠지만, 중력이 끌어당기는 힘이 기하급수적으로 커지는 것은 감지할 수 있을 것이다. 블랙홀에 다가갈수록 주변의 빛은 점점 더 붉게 변한다. 에너지를 잃고 있다는 증거이다. 일단 되돌아갈 수 없는 지점인 사건의 지평선을 넘어서면, 중력의 당김이 너무 커져 시공간이 뒤틀리다가 곧이어 존재하지 않게 된다. 블랙홀에 가까이 다가갈수록 우리의 몸은 점점 더 엿가락처럼 늘어나 기괴하게 길어진다. 그리고 어느 순간 우리는 깜깜한 암흑 속으로 빨려 들어가 엄청나게 밀도가 높은 특이점과 하나가 된다.

사실 블랙홀의 이미지는 일상용어에도 들어와 있다. 사회적으로 빠져나오기 힘들거나 불가능한 상황에 처했을 때 블랙홀에 빠졌다고

---

[54] 같은 곳.

한다. 예를 들어, 막대한 군비 지출에 대해서 자식 세대에도 빠져나올 수 없는 부채負債의 블랙홀이라고 표현한다. 블랙홀 체험은 우리 삶의 모든 영역에서 일어날 수 있다. 보이지 않는 힘에 의해 조정되는 듯한, 현실에 발붙이고 서 있도록 친숙하게 당겨 주던 중력이 사라진 것 같은 상황이나 사건을 경험할 때가 있지 않은가.

내면에서도 블랙홀을 경험할 수 있다. 자기 보존과 적응 사이의 긴장이 문득 우리를 어둠 속으로 끌어당겨 소멸시켜 버릴 것 같을 때가 있다. 습관이나 태도, 행동 등 자신의 개성이나 성격의 어떤 부분 때문에 스스로 재난에 빠질 때가 있다. 약물이나 특정 관점 등에 중독되어 점점 더 깊이 빠져들어 헤어나지 못하고 생명을 주는 것들에서 멀어지게 되곤 한다. 그럴 때 우리는 무슨 일이 벌어지는지 눈치도 못 채고 더 깊은 어둠 속으로 빨려 들게 된다. 그런 곳에선 중력이 당기는 힘이 너무나 강해서 우리의 존재 자체가 곧 무너질 것 같은 위협을 느끼게 된다. 그 만남들은 우리의 자유를 위태롭게 하고, 스스로를 넘어설 수 있는 자기 초월 능력을 시험한다.

이러한 블랙홀로 끌려드는 여정은 앞서 상상해 본 저 먼 우주에서의 여행과 닮아 있다. 때로는 우리가 저지른 일 때문에 탈출 속도에 이르러 중력의 속박을 벗어나게 되고, 어떤 때는 삶이 우리를 친숙하지 않은 공간으로 밀어 넣기도 한다. 우리가 어떤 능력을 가졌든지 현실감을 잃고 빠져나올 길 없는 여정을 떠나, 한 점의 빛도 없는 곳으로 빨려 들어가는 것이다. 어떤 블랙홀 체험은 자신이 누구인지조차 모르게 소멸시키려 들기도 한다.

　블랙홀로 가는 여행에서와 같이 우리가 때때로 만나게 되는 암흑 속으로의 여정에도 정해진 경계는 없다. 순식간에 우리의 방향 감각은 지워져 버리고 일단 넘어서면 되돌아올 수 없는 모호한 사건의 지평선만이 있을 뿐이다. 구분조차 안 되는 그 경계를 넘어서고 나면, 우리의 온 존재가 암흑을 향해 나아가게 된다. 익숙한 것들은 엄청난 압력 아래 더 이상 원래의 모습을 알아차리지 못할 정도로 뒤틀리고 늘어나게 된다. 일상의 평범한 체험에서 완전히 단절되어 끝없이 무너져 내리는 동안 시간과 공간은 정지해 버린다. 엄청나게 밀도가 높은 특이점을 향해서만 나아가도록 방향이 고정되어 그 중력의 영향에서 벗어날 길이 없다. 예전의 '나'라는 존재는 흔적도 없이 사라지고 희미해진 빛마저 종국에는 완전히 사라져 버리고 만다.

　그런데 왜 이런 블랙홀 체험을 하게 되는 것일까? 무엇이 빛을 향해 살고 싶은 바람에도 불구하고 거의 스스로를 파괴하도록 우리를 내모는 것일까? "나는 내가 하는 것을 이해하지 못합니다. 나는 내가 바라는 것을 하지 않고 오히려 내가 싫어하는 것을 합니다."(로마 7,15) 이 바오로 사도의 고백은 블랙홀 체험을 이해하는 이의 말 같지 않은가? 자신의 깊은 갈망과 달리 바오로 사도는 할 수 있는 만큼 자유롭지도, 원하는 만큼 사랑하지도 못했던 것은 아닐까? 이를 우리는 죄라고 불러 왔다. 생명을 다 빨아낼 것 같은 내면의 어두움에 맞서 고투하게 된 것은 사실 그가 '과녁을 벗어났기' 때문이다. 그의 비통함을 들을 때 그게 어떤 것인지 우리는 너무나 잘 이해한다. 그래서 "피조물이 하느님의 의지를 알고서도 불복종하는 것"[55]으로 죄를 정의하는 것은 어쩌면 너무도 인간적인 이 딜레마에 대한 적절한 표현이 아닐지도 모른다. 내 경험으로는 사람들은 하느님의 뜻에 순종하려 온 힘을 다한다. 빛 속에서 살고자 분투하며 어디를 가든 생명과 사랑의 장을 만들려 애쓴다. 어려움이 있다면 그것은 우리가 무엇을 지향하느냐가 아니라 우리가 얼마나 주의를 기울이냐 하는 문제일 것이다.

블랙홀 체험은 정상적인 인생행로에서 그냥 일어나기도 하지만, 때로는 우리가 깨어 있지 않기 때문에 일어나기도 한다. 깨어 있지 않을 때 우리는 나쁜 태도와 습관으로 점점 더 어두움으로 빠져들게 된다. 또 깨어 있지 않을 때 우리는 마음의 고통이나 사회에서 느끼는 불편함을 덜어 보겠다는 생각으로 비현실적인 선택들을 하게 된다. 이럴 때 무슨 일이 벌어지고 있는지 알아차리기도 전에 중력의 당김을 만나게 되고 그 힘은 점점 더 커진다. 더 이상 현실에 발붙이지 못한 채 암흑을 향해 가는 동안 자기 통제 능력을 상실하고 시간과 공간은 뒤틀리게 된다.

누구나 이런 종류의 어두움을 체험하는 것 같다. 인간이라면 대부분 자신을 산산조각 낼 것처럼 위협하는 이런 힘의 영향 아래 놓이는

---

[55] F. L. Cross and E. A. Livingstone, *The Oxford Dictionary of the Christian Church*(Oxford: Oxford University Press, 1974), 1278.

게 어떤 것인지를 알 것이다. 나는 그런 시간이 고통스럽기는 하지만 정상적이고 또 필요하다고 생각한다. 우리 모두 일상의 편안함에서 끌려 나와 계획하지 않은 곳으로 휩쓸릴 때가 있다. 때로는 스스로의 행동 때문에, 때로는 그저 살다 보니 만나게 되는 혼란 때문에 궤도를 벗어나기도 한다. 경로 이탈을 알아차릴 때면 이미 반쯤은 블랙홀에 끌려와 있다. 가장자리를 맴돌다 큰 피해 없이 빠져나올 때도 있지만, 완전히 무너져 내리게 될 때도 있다. 어쩌면 어떤 블랙홀 체험은 비정상적인 것이 아니고 우리 모두의 여정에서 필수적인 것일지도 모른다. 중요한 것은 어떻게 하면 자기 초월의 역량에 의지해 그 공간을 헤쳐 나갈 수 있느냐이다.

우리가 성숙하기 위해 심리적으로 치러야 할 중요한 임무 중 하나는 그림자, 혹은 우리가 인식하지 못한 인격personality의 무의식적인 부분을 통합하는 것이다. 칼 융이 쓴 '그림자'라는 용어는 우리의 무의식에 있는 인격 전체를 일컫는다. 그림자에는 우리의 자아가 가진 이상을 위해 억누른 부분들이 들어 있다. 예를 들어, 성격 좋은 사람으로 비춰지고 싶은 마음에 반사회적인 경향들은 그림자로 밀어 넣는다. 사회 적응에 도움이 되는 가면을 쓰기도 하고 원하거나 필요한 것을 얻기 위해 온갖 감정과 태도를 지하로, 즉 우리가 갖고 있다고 인정하고 싶어 하지 않은 정신의 영역으로 감춰 버린다. 무의식에 있던 이런 거부당한 요소들이 특히 중년기가 되면 표면으로 떠오르기 시작한다. 화가 나거나 우울해지기도 하고, 한때 너무 좋아하던 것들이 싫어지기도 한다. 우리가 관상적인 깨달음 속에 살고 있다면, 이런 순간들을 인식하고 포착해 사랑의 빛 안으로 가져올 수 있다. 하지만 그림자의 요소들은 말 그대로 무의식적이어서, 엄청난 속도로 우리를 어둠으로 몰아갈 때까지 눈치채지 못할 때가 많다.

개인이 체험하는 블랙홀은 대개 그림자의 요소들을 제대로 통합하지 못했을 때 찾아온다. 반대로 그림자의 요소들이 떠오를 때 잘 통합한다면 자기 초월을 이루게 된다. 그림자를 갖게 되는 것은 당연하다. 그러므로 우리가 할 일은 이를 제거하거나 판단하는 것이 아니라, 떠오를 때마다 주의와 관심을 기울이는 것이다. 의식에서 받아들이고 인정한 부분들만 자신으로 받아들이는 것이 아니라, 그림자까지도 포함해 온전한 자신을 깨닫고 성장하는 것이다. 블랙홀을 경험할 때는 자신의 일부가 죽음을 맞게 되는, 위기의 순간인 것은 분명하다. 하지만 그때야말로 우리 자신의 것인 줄도 모르고 감춰져 있던 가능성과 잠재력이 드러나는 때이기도 하다.

표의 문자인 한자에서 '위기危機'는 '위험危'과 '기회機'를 뜻하는 글자로 이뤄져 있다. 스스로가 초래한 것이든 통제할 수 없는 상황 때문에 주어진 것이든, 블랙홀을 체험할 때가 위험한 순간임에는 틀림없다. 조짐들을 무시하고 우리를 점점 더 옴짝달싹 못하게 옭아매는 중력에 무신경해지기로 마음먹을 수도 있다. 무언가에 중독되어 파국으로 치달을 수도 있다. 하지만 어쩌면 바로 그 순간, 비록 의식에서는 저항하고 거부한다 할지라도, 우리는 구조대가 올 것이라는 희망을 가져야 할지 모른다. 공들여 얻고자 한 모든 것이 우리를 소멸시키려는 힘들에 예속되어 무너져 내리는 것을 보게 될 수도 있기 때문이다.

하지만 위기는 새로운 선택을 할 수 있는 기회의 순간이기도 하다. 자기 보전과 자기 소멸 사이의 긴장에서 비롯된 블랙홀 체험을 해결하는 데에는 창조적이 될 필요가 있다. 스스로 블랙홀 체험을 선택하여 새로운 차원의 자유를 얻거나 치유되어야 할 부분을 드러내어 보다 온전하게 될 수도 있다. 블랙홀 체험으로 죽음의 문턱까지 내몰리게도 되지만, 그 체험으로 인해 살아 있다는 것, 우주를 창조한 바로 그 빛의 표현으로 살아 있는 것이 얼마나 큰 은총인지 확신하게 되기도 한다.

한때는 블랙홀에서 빠져나올 수 있는 것은 아무것도 없다고 생각했다. 하지만 스티븐 호킹Steven Hawking의 연구 덕분에 적어도 이론적으로는 블랙홀에서 빠져나오는 것이 가능하다고 알려졌다. 특정 조건에서 블랙홀이 복사를 방출하는 현상을 '호킹 복사'라고 하는데, 블랙홀 가까이에서 아원자 입자 한 쌍이 생길 때 그중 하나는 블랙홀로 빨려 들어가고 나머지는 바깥으로 방출된다. 이 과정이 계속되면 결국 블랙홀은 소멸한다.

복사輻射의 다른 이름은 빛이다. 호킹 복사가 암시하는 바는 블랙홀도 빛의 영향권에서 벗어나지 않는다는 점이다. 빠져나갈 길이 없어 보이는 상황을 아주 미세한 입자들이 뒤집어 놓을 수 있다는 것이고, 그렇다면 블랙홀의 암흑도 그렇게 결정적인 것은 아닌 셈이다.

블랙홀에 빠져 본 적이 있는 우리에게 희망이 되는 이야기가 아닐 수 없다. 모든 경험에 빛이 있다. 블랙홀 안으로 빨려 들어가 알고 있던 모든 것이 해체되어 버리는 경험 속에도 빛은 있다. 창조에서도 빛은 우선적으로 표현되었다. 빛은 사랑의 우선되는 언어이고, 말씀이 에너지로 된 것이며, 신비가 분명히 드러난 것이다. 완전한 암흑의 시대, 모든 희망이 사라진 것 같은 이때에 가장 미약한 빛의 입자가 와서 블랙홀을 붕괴시키고 우리를 온전하게 만든다! 암흑과 마찬가지로 구원의 은총이 되는 빛도 쉽게 감지되지 않는다. 그 빛은 아주 미미할지 몰라도 결코 허약하지 않다. 눈으로 볼 수 있는 가시광은 아니지만 분명 존재하며 또 강력하다. 그리고 그 빛이 있기에 소멸/해체는 결코 마지막이 될 수 없다.

초월하려고 애쓸 때마다 소멸의 위협을 만날 수 있다. 이를 인식할 때 우리에게 필요한 것은 무엇일까? 앞서 이야기했던 것처럼 문제는 우리의 지향intention이 아니라 주의attention를 기울이는 것이다. 하지만 질문은 남는다. 어떻게 하면 계속 깨어 주의를 기울일 수 있을까? 어떻게 하면 깨달음을 키워 불필요한 블랙홀은 피하고 성장에 도움이 되는 것들은 은총으로 받아들여 다루어 나갈 것인가? 우리는 그 답이 관상임을 알고 있다.

기도 수행으로써 관상은 우리를 고요히 가라앉혀 내면에서 무언가 특별하고도 다른 일들, 때로는 불편한 일들이 일어나고 있음을 알아차리게 해 준다. 침묵 속에서 우리는 우리가 저항하는 것이 무엇인지, 두려워하는 것이 무엇인지 더 쉽게 인식하게 된다. 관상 기도에 충실해질수록 세상과 만나는 방식이 바뀌게 된다. 생명을 향한 촉수가 보다 예민하게 깨어나고, 요구하는 바가 줄어들며, 우리가 어떤 존재이고 삶이 무엇인지 더욱 선명하게 다가온다. 확신할 수 없는 순간에도 평화로울 수 있으며 모든 것이 깜깜할 때도 느긋할 수 있다.

관상 체험 안에서 우리는 창조하는 빛의 힘 앞에 스스로를 내어놓게 된다. 블랙홀의 짙은 암흑 속에서도 하느님의 존재를 발견하게 된다. 시공간의 뒤틀림에서 빠져나와 더 이상 과거나 미래에 갇혀 있지 않고 바로 지금, 현재의 순간으로 돌아오게 된다. 혼자서 상황을 바꾸기에는 힘이 부족하지만, 은총의 힘으로 우리는 다시 한 번 현실에 발을 딛고 모든 것을 위해 더불어 일하게 된다. 우리 자신을 위해, 우리가 살고 있는 한없이 경이로운 우주를 위해!

성찰
관상

고요히 앉아 눈을 감습니다. 상상 속에서 우주선을 타고 블랙홀 근처를 항해하고 있다고 그려 봅니다. 눈에 보이지는 않지만 블랙홀이 거기 있다는 것을 알고 있습니다. 엄청난 힘으로 당기는 중력 때문에 주변의 빛이 붉게 변하는 것을 지켜봅니다.

우주선이 블랙홀로 끌려가면서 압력이 점점 커지는 것이 느껴집니다.

이제 여러분은 돌아갈 수 없는 지점을 통과했습니다. 여러분의 몸은 점점 길게 늘어나 찢어질 듯 당겨집니다.

마침내 여러분은 어둠 속 특이점으로 당겨져 사라집니다. 거기서 빠져나올 방법은 없습니다.

그런데 여러분 눈앞에 놀라운 은총이 펼쳐집니다. 암흑 속에서 한 점 빛이 나타나 블랙홀을 없애 버리는 것을 그려 봅니다. 다시는 못 볼 거라고 생각했던 빛이 나타나는 것을 경이롭게 바라봅니다.

자신의 삶에서 블랙홀을 체험했던 때를, 어둠에 삼켜져 사라질 것 같던 때를 떠올려 봅니다. 그 어둠은 여러분 자신이 만들었습니까, 아니면 갑자기 여러분에게 들이닥쳤습니까? 어떻게 그 어둠에 응답했습니까? 어둠이 여러분을 삼키려 할 때의 체험을 되살려 봅니다. 거기서 빠져나오는 데 도움이 된 것은 무엇이었습니까? 여러분을 구해 낸 것은 무엇이었습니까? 언제 여러분에게 다시 빛이 비쳐 들기 시작했습니까?

이 장에서 여러분이 받아들이기 어렵거나 저항을 느꼈던 내용은 무엇입니까? 한없이 경이로운 부분은 어디입니까?

잠시 고요히 앉아 있도록 합니다. 성령께서 여러분에게 어떤 것을 보여 줍니까? 여러분은 어떻게 응답하겠습니까?

인성을 지니시고 죽음까지 초월하신 예수님,
저희가 자기 소멸과 씨름할 때
당신께서 그런 저희를 이해하고 지켜보시는 것을 압니다.
저희는 때때로 스스로 초래한 실패로 인해 고통스러워하고,
또 때때로 삶이 던진 블랙홀에 집어 삼켜지는 아픔을 겪습니다.
당신은 그러한 일들을 모두 알고 계십니다.
하느님의 은총을 통해
빛이 언제나 어두움을 극복하고,
사랑이 두려움에서 저희를 구원하게 하시니 감사드립니다.
저희가 관상의 길에 충실하도록,
저희를 자유롭게 하시고 변화시켜 주시는 당신의 현존 앞에
저희가 늘 마음을 열게 하소서. 아멘.

09
블랙홀

열 번째 이야기

초신성

그러나 하느님께서는 그분을 죽음의 고통에서 풀어 다시 살리셨습니다.
그분께서는 죽음에 사로잡혀 계실 수가 없었던 것입니다.

― 사도 2,24

초신성은 엄청난 파괴력과 무한한 창의력을 동시에 보여 주는 사건이다.

― 토마스 베리 & 브라이언 스웜

예수 그리스도는 당신의 삶과 죽음 안에서,
은총으로 가득한 인간이라는 실재 안에서,
온 우주를 형성하는 힘이 되셨다.

― 데니스 에드워즈

생명에 반대되는 것은 죽음이 아니다.
생명에 반대되는 것은 아무것도 없다.

― 에크하르트 톨레Eckhart Tolle

　죽음을 피할 길은 없다. 현대의 온갖 기술과 노력으로 오는 것을 막거나 되돌리려 해도 우리는 각자 정해진 때에 죽음을 만나야 한다. 우주에서 죽음의 손아귀에서 벗어난 것은 아무것도 없다. 죽음은 누구에게나 다가온다.

　앞 장에서 우리는 블랙홀의 이미지를 빌어 그림자와 관련된 어두움을 이야기했다. 이 장에서는 어두움의 다른 면인 죽음과 그 죽음이 다가오는 다양한 길을 다루려고 한다. 죽음에는 몸이 죽는 것만이 아니라 스멀스멀 잠식해 들어와 절대적이고 최종적으로 우리 자신을 내어놓으라고 요구하는 종류의 죽음도 있다.

　우리는 죽음을 두려워하고 아주 불편해하는 문화 속에 살고 있다. 사실 우리는 사소한 죽음도 잘 다루지 못한다. 당장의 욕구를 억누르거나 나중에 더 큰 것을 이루기 위해 당장의 만족을 뒤로 미루고 하던 일에 헌신하는 것과 같은, 사소한 죽음들이 사실은 인격을 형성하고 자신에게 중요한 가치가 무엇인지를 판단하는 데 도움이 되는데도 말이다. '우리'가 아니라 '나'를 중심에 두고 사는 데서 오는, 어쩌면 예상할 수 있는 결과일지도 모르겠다. 전체 상황에 대한 큰 그림을 잃어버리면 사소한 것들을 움켜잡기 쉬우니까.

이 글을 쓰는 지금은 부활 주일을 보내고 맞은 월요일이다. 삶과 죽음의 신비를 묵상하게 하는 상징과 전례典禮로 이어진 한 주를 보낸 뒤이다. 삶과 죽음은 얼마나 복잡하게 서로 연결되어 있는지! 서로에 대해 얼마나 극적으로 가르쳐 주는지! 전례에서는 파스카의 신비[56]를 다양한 갈래로 구분하지만, 사실 우리가 경배하는 것은 하나의 사건, 독특한 의식과 자유를 가지고 삶/죽음을 만나는 순간이다. 죽음은 새로운 것도 아니고 계속해서 삶의 중요한 부분으로 남을 것이다. 하지만 죽음에 대한 예수님의 응답은 너무나 중요하고, 우리 각자가 죽음을 맞는 순간 그리고 죽음의 그날까지 어떤 의식으로 얼마나 자유로울 것인지 문제의식을 갖도록 해 준다.

죽음은 삶과 따로 떼어 놓을 수 없이 하나로 통합되어 있다. 우리를 소멸로 끌어당기는 죽음 덕분에 스스로를 초월할 수 있는 역량도 커진다. 죽음이 있기에 우리는 무기력에서 빠져나와 우리가 가진 갈망에 불을 붙여 이 세상에 살아 있는 동안의 시간을 책임지려 한다. 우리는 목덜미에 죽음의 숨결을 느낄 때 도리어 새로운 원기로 생명을 들이마실 수 있다. 이런 맥락에서 죽음은 우리 안에서 또 우리를 통해 표현하고자 하시는 창조적인 성령[57]의 동반자이다. 두려움이 저 멀리로

---

[56] 죽음과 부활의 신비. 파스카에 대한 자세한 설명은 이 장의 뒤에 나온다. – 역자 주

물러나 가라앉은 조용한 순간에 우리는 창조와 파괴가, 삶과 죽음이, 두려움과 갈망이 신비 안에서 모두 뒤얽혀 있음을 알아차리게 된다. 그 강렬함과 힘에 압도당할 것 같지만 그 신비는 겨우 머리카락 한 올처럼 가까운 곳에 있다! 그것을 알아차리는 순간, 우리는 죽음에서 도망치는 것은 죽음을 기꺼이 받아들이라고 하신 그리스도의 가르침에서 멀어지는 것임을 깨닫게 된다.

죽음은 끊임없이 발전을 계속해 온 우주의 일부였고, 우리는 초신성의 이미지에서 인류가 그토록 어려워하는 죽음에 대해 성찰해 볼 수 있다. 초신성은 별이 죽으면서 폭발하는 현상이다. 허블우주망원경으로 찍은 초신성의 모습은, 그것이 사실은 죽음과 파괴의 현장이라는 것을 쉽게 잊어버릴 만큼 너무나 아름답다. 신비의 핵심으로 우리를 안내하는 아이콘 초신성은 소멸과 탄생의 현장을 동시에 보여 준다.

빅뱅이 일어나고 3억 년이 지난 후 처음으로 별과 은하가 생겨났다. 별은 불타는 둥근 가스덩어리라고 할 수 있는데, 중심에서 수소가 타면서 헬륨을 재로 남긴다. 연료인 수소가 다 타고 나면 별의 중심핵은 수축하기 시작한다. 수축으로 점점 더 뜨거워지고 밀도도 높아진 중심핵에서 다음 단계의 핵융합 반응이 시작돼고, 여기서 나온 열기가 다시 중력과 균형을 이루어 별이 붕괴하는 것을 막게 된다. 중심핵에서 태우던 연료가 떨어져 수축하고, 수축으로 온도와 압력이 커져,

---

57 생명을 주는 숨결. 창조주의 기운으로 새로운 미래를 나오게 하는 원천이자 충동. – 역자 주

다시 더 무거운 원소를 태울 수 있게 되는 과정은 여러 차례 반복된다. 그러다가 마침내 중심핵이 철로 바뀌면 더 이상 태울 것이 없어 죽음을 맞이하는 마지막 진통을 겪게 된다. 이때 중심핵의 온도는 수천억 도가 넘는데, 이 엄청난 열기 속에서 아주 작은 공간으로 밀어 넣어진 철 원자들은 중력이 끌어당기는 힘보다 더 큰 힘으로 밀어내는 척력을 만들어 내게 된다. 이 밀어내는 힘 때문에 별은 초신성으로 폭발하게 되고 별을 이루고 있던 물질들은 우주 공간으로 산산이 흩어지게 된다.[58]

초신성 폭발은 흔하게 일어나는 사건은 아니다. 지난 천 년 동안 우리은하 안에서 폭발한 초신성이 5개가 안 된다고 한다. 하지만 다행히 1987년 2월 24일에 16만 광년 떨어진 대마젤란은하에서 초신성이 관측되었는데, 허블우주망원경으로 그 웅장한 장관을 잡을 수 있었다. 폭발하면서 엄청난 양의 빛을 내뿜은 별은 우리태양보다 질량이 20배가량 더 큰 별이었다고 한다.[59]

약 50억 년 전 우리은하의 한 나선팔[60]에서 우리가 생겨나게 되는데, 아주 중요한 초신성 폭발이 있었다. 별이 초신성으로 폭발하며 웅장하고 격렬하게 죽음을 맞을 때의 충격이 주변으로 퍼져 나갔다. 폭발하면서 터져 나온 강렬한 빛은 짧은 기간 동안이나마 수십억 개의

---

[58] Laura A. Whitlock, Kara C. Granger, and Jane D. Mahon, op. cit.
[59] http://en.wikipedia.org/wiki/SN_1987A
[60] 우리은하는 납작한 원반에 여러 개의 나선팔을 가졌다. – 역자 주

별이 한꺼번에 내는 것보다 더 밝게 빛났다. 한때 거대한 천체였던 것이 산산이 부서져 작은 먼지 조각으로 온 사방에 흩뿌려졌다.

격렬한 폭발로 우주 공간에 흩어진 원소들은 주변의 성간구름[61]에 있던 수소 가스와 먼지 입자들과 충돌해 중력의 영향 아래 하나로 뭉쳐지게 된다. 새로운 별, 태양이 탄생하기 시작한 것이다. 태양이 식으면서 주기적으로 회전을 하게 되자 행성이라 불리는 자그마한 천체들이 태양 주위를 돌기 시작했다. 십억 년이 지나자 아주 단순한 생명체들이 지구라는 행성에 등장하기 시작했다. 그리고 우주의 시간에서 보면 눈 깜짝할 사이인 약 2백만 년 전에 태양의 존재를 인식하고 태양이 자신들의 삶에 어떤 의미를 가지는지 성찰하게 되는 생명체가 여명기를 맞게 된다. 이들이 바로 최초의 인간이다.

지구 위의 생명들은 태양의 보살핌을 받고 있다. 태양은 매초마다 4백만 톤의 물질을 태워 빛 에너지로 내어 놓는다. 태양은 생명이 존재할 수 있도록 자신의 온 존재를 동원해 가진 것 전부를 쏟아붓고 있다. 그런 내어놓음의 결과로 지구와 그 위에 거주하는 모든 것들이 태양의 광채 아래 번창하고 있다.

창조력을 무한히 확장시키기 위해 생명을 내어놓는 것은 생명의 본질적인 속성인 것 같다. 우리태양의 어머니인 거대한 별은 격렬하게

---

[61] Interstellar cloud : 별과 별 사이의 우주 공간에 존재하는, 주로 수소와 먼지로 이뤄진 구름으로 새로운 별이 탄생하는 장소이기도 하다. – 역자 주

죽음을 맞았고, 폭발할 당시의 엄청난 힘에 완전히 소멸되었다. 하지만 그 별은 우리 한 사람 한 사람 안에, 그 별의 부스러기로 만들어진 우리 몸의 세포 안에 존재한다. 의식을 하던 하지 않던, 우리가 그 별을 몸에 지니고 있다는 것은 생물학적인 부모의 DNA를 지닌 것만큼이나 분명한 사실이다. 우리는 그 별이 자신의 전부를 던져 희생한 덕분에 생겨나게 된 자손이다.

물론 별들에게는 의식이 없었다는 것을 우리는 알고 있다. 그래서 자신의 죽음으로 얼마나 창조력이 생겨났든 별에게는 죽을지 말지를 선택할 자유가 없었다는 것도 알고 있다. 하지만 죽음은 과정의 일부이다. 사실 죽음은 모든 과정의 일부이고, 바로 그 점이 중요하다. 죽을지 말지는 우리가 선택할 수 있는 것이 아니다. 그러나 우리가 파스카의 신비에서 배우게 되는 중요한 점은, 죽음에서 도망치지 않고 은총으로 죽음을 맞이하기로 선택할 수 있다는 것이다.

마태오 복음에서 예수님은 죽음의 위협이 다가올 때 자유 의지로, 의식적으로 응답하는 모델을 보여 주신다. 예수님의 마지막 시간에 대한 이야기는 다음과 같이 시작된다. "예수님께서 이 말씀들을 모두 마치시고 제자들에게 이르셨다. '너희도 알다시피 이틀이 지나면 파스카[62]인데, 그러면 사람의 아들은 사람들에게 넘겨져 십자가에 못 박힐

---

[62] '건너뛰다passover'를 의미하는 히브리어로, 이집트 탈출을 경축하는 유다인들의 축제를 가리키기도 한다. 구약의 탈출기에 따르면, 모세가 유다인들을 이집트에서 이끌고 나올 때 문설주에 양의 피를 바른 집은 천사가 그냥 지나가고passover 그렇지 않은 집에서는 맏아들이 죽었다. – 역자 주

것이다.'"(마태 26,1-2) 죽음이 임박했다는 것을, 그리고 그것이 얼마나 끔찍한 죽음이 될지를 잘 아셨지만 예수님께서는 예루살렘으로 가는 길을 피하지 않고 계속 나아가신다. 숨을 곳을 찾아 도망가기보다는 참여하는 길을 선택하신 것이다. 이렇게 이야기하면 예수님의 인성humanity이 가려질 수 있다. 예수님을 고통과는 무관한 어떤 신성한 인물로 보거나 아니면 수동적이고 현실에서 한 걸음 물러선 고귀한 희생자로 생각하기 쉽다. 하지만 여기서 정말 중요한 것은 바로 예수님의 인간됨, 온전히 살과 피를 가진 인간으로서 단 한 치의 자유와 의식consciousness도 넘겨주기를 거부하셨다는 사실이다.

우리는 흔히 십자가 위의 죽음에 주목하며 예수님께서 죽음으로 우리를 살리셨다고 한다. 하지만 십자가 위에서 맞은 죽음이 인간으로서의 삶이 끝나면서 예수님이 겪으신 여러 번의 죽음 중 마지막이라는 사실은 쉽게 지나친다. 우선 일생 동안 해 온 일을 다른 사람에게 넘기고 가야 하는 죽음이 있었다. 제자들은 예수님의 선택을 이해하지 못하고, 과업을 받아들일 준비가 되어 있지 않았다. 그리고 여러 관계를 끝내야 하는 죽음도 있었다. 마리아와 마르타와 라자로는 예수님의 친구였다. 마지막으로 방문했을 때 마리아는 예수님의 발을 향유로 씻겨 주었다. 이들의 우정이 예수님께는 큰 지지와 사랑이었을 것이다. 인간이라면 누구라도 그렇듯이, 이들에게 작별을 고할 때 예수님도 마음이 크게 아팠을 것이다.

예수님은 자신이 직접 선택한 유다가 배신할 것이라는 것을 알고

서 죽음을 맞는 아픔도 겪었다. 가장 가까운 측근이자 믿었던 베드로가 말소리가 들리는 가까운 거리에서 주변 사람들에게 "나는 저 사람을 모른다."라고 부인하는 것을 보며 죽음을 맞이해야 했다. '두려워하지 말라'고 그렇게 여러 번 말했는데도 자신을 따르던 이들이 두려움에 차 도망가는 것을 보면서 죽어 가야 했다. 사제들과 관료들 앞에 끌려가면서 예수님은 증오로 가득한 고발자들과 눈먼 재판관들이 자신이 전한 메시지를 왜곡하는 것을 지켜보며 죽음 앞에 서야 했다. 그럴 수 있다면 아들을 위해 기꺼이 대신 채찍질과 못 박힘을 당했을 어머니의 고통에 찬 얼굴을 보며 죽어 가야 했다. 지상에 하느님의 천국을 세우겠다는 자신의 꿈이 어떻게 될지 알지 못한 채 죽음을 맞을 수밖에 없었다. 사랑으로부터도 단절되어 "저의 하느님, 저의 하느님, 어찌하여 저를 버리셨습니까?"라고 부르짖으며 죽음을 맞았다.

    예수님은 이 모든 죽음을 첨예하게 인식하며 맞이하셨고 그 깨어 있음은 그분이 살아온 관상적인 삶의 열매라고 할 수 있다. 예수님이 어떤 식의 말이나 행동으로 죽음에 저항했다는 기록은 성경에 없다. 그 대신 예수님은 죽음이 닥칠 때마다 기꺼이 받아들이셨고 아무런 판단 없이 맞이하셨다. 그 모든 죽음들을 그토록 품위 있게 맞을 수 있었던 것은 아마도 예수님이 당신의 전 생애를 통해 죽고 또 죽는 연습을 되풀이하시며, 우리가 그토록 피하고 싶어 하는 작은 죽음들을 기꺼이 맞이하셨기 때문일 것이다. 세례를 받고 성인成人이 되어 사막으로 들어가 기도를 하는 예수님을 만나는 순간부터 우리는 생명을 주지 않는 것은 어떤 것도 거부하고 자신의 삶 한가운데 있는 신비에 이바지하며 몇 번이고 스스로 죽음을 맞는 이를 보게 된다. 작은 죽음들을 맞이할 때마다 성령께서 강림하시고, 평생에 걸쳐 그런 선택을 한 삶은 십자가 위의 죽음으로도 물리칠 수 없는 영성적인 힘으로 드러난다.

앞 장에서 우리는 예수님을 인류 진화를 앞당긴 분으로 보았다. 예수님은 지극히 거룩하신 분의 빛을 사로잡아 우리 모두를 변모시키셨다. 빛에 열려 있는 예수의 자세를 통해 우리는 하느님의 광채를 새롭게 만날 수 있게 되었다. 빛에 충실한 예수님의 태도에서 우리는 바로 지금, 이 자리에서 탈바꿈하는 삶을 살려면 어떻게 살고 죽어야 하는지를 배우게 된다. 예수님은 자신이 가진 의식과 자유를 한 점도 남기지 않고 죽음에 참여하셨다. 그 결과로 우리는 죽음을 피할 수 없다는 것을, 우리의 꿈을 바꿔 놓고 모든 것을 내려놓게는 하지만 마지막은 아님을 깨닫게 된다. 부활은 예외 없이 언제나, 늘 있기 마련이다. 그렇다면 새로운 우주 이야기라는 맥락에서 부활은 어떤 의미일까? 그것은 의식의 변환transformation, 즉 우리 모두가 연결되어 있다는 진실에서 삶을 살아 내는 초월의 체험을 의미할 것이다. 우리는 의식의 진화를 계속하며 점점 더 큰 사랑의 존재로 성장함으로써 바로 예수님의 부활에 동참하게 된다. 우리 자신이 빛 속을 걷게 될 뿐 아니라, 우리 또한 다른 이들을 위한 빛이 된다. 두려움과 자기중심적인 태도를 버리겠다는 선택 후에 오는 작은 부활에도 성령은 강림하신다. 예수님께서 그러셨듯이, 죽음과 부활의 삶을 살게 되면 우리는 하느님께서 우리에게 요청하신 일을 하는 데 보다 큰 힘을 받게 된다.

　삶과 죽음의 신비는 하나이다. 이것이 바로 파스카 신비가 우리에게 가르치는 진실이다. 죽음을 피할 수는 없다. 마찬가지로 부활도 피할 수 없다. 우리는 죽음이 닥쳐올 것을 알고 있다. 또한 그 죽음에 어떻게 응답할 것인지, 어느 정도는 우리가 선택할 수 있다는 것도 알고 있다. 우리는 부활에 대해, 죽음 한가운데서도 어떻게 새로운 생명이 우리의 삶 속으로 흘러드는지 깨어서 지켜보자고 선택할 수 있다. 생명의 마지막 한 조각까지도 모두 폭발로 흩어 버리는 초신성처럼, 우리는 초월할 수 있고 또 죽음이 마지막이 되지 않도록 할 수 있다.

　내가 죽음에 대해 이렇게 조금이나마 확신하며 이야기할 수 있는 것은 아버지의 죽음 덕분이다. 아버지는 일하시던 정부 기관에서 방사능에 노출되어 폐암으로 돌아가셨다. 삼촌 두 분을 포함해 그곳에서 일했던 많은 사람들이 암으로 세상을 떠났기 때문에, 아버지는 방사능 피폭의 결과가 어떠할지 잘 알고 계셨다. 아버지가 암에 걸린 이유를 알게 됐을 때 나는 정말 화가 났다. 공장의 표준관리공정이라는 것이 어쩜 그리도 허술하고 사람 목숨을 존중하지 않을 수가 있는지…. 울분을 토하는 나에게 남편은 암 판정 직후에 아버지와 나눈 대화를 들려주었다. 죽음 앞에서 아버지는 분노로 속을 끓이는 대신에, 자신을 위험으로 내몰고 거짓말까지 한 그 사람들을 용서하기로 하셨다고 한다. 그 이야기를 듣고 나자 나의 분노도 가라앉기 시작했다.

　아버지가 돌아가시기 전 몇 주 동안 우리 식구들은 다 함께 아버지의 마지막을 준비하였다. 저항하거나 침울해하기보다는 죽음이라는 과정의 중간에 있는 신비를 믿으려 애썼다. 통증을 견뎌 내야 하는 아버지는 말할 것도 없고, 남겨질 가족들에게도 정말 힘겨운 시간이었다. 함께 키운 꿈을 떠나보내고, 마음 깊이 사랑하고 아낀 서로의 헤어짐을 준비하는 시간은 참으로 힘겨웠다. 마지막 며칠 동안 아버지는 빛의 존재들이 보인다며 방 한쪽을 가리키곤 하셨다. 빛의 존재들을 볼 때마다 아버지의 얼굴은 기쁨으로 밝게 빛났고 "정말 자유롭구나. 너무 자유로워서 날아갈 것 같아." 하셨다. 아버지가 마지막 숨을 거뒀을 때 나는 아버지가 마침내 온전히 빛의 존재 안에 들어 빛과 하나가 되셨음을 깊이 느낄 수 있었다. 아버지를 잃은 슬픔에 가슴이 아팠지만, 생명의 징후는 어디에나 있었다. 아버지가 돌아가시고 6주 후, 아버지에게는 두 번째 증손녀가 되는 애슐리가 태어났다. 아이는 생명이 소중하다는 것을, 죽음의 고통 속에서도 부활은 온다는 것을 일깨워 주었다.

    죽음은 우주의 기본 틀 안에 짜여 있으며 삶이라는 신비에서 떼어 낼 수 없는 부분이다. 한 걸음 물러나서 크게 바라보면 우리는 삶과 죽음이 둘이 아니라는 것을 알게 된다. 삶과 죽음은 창조력과 연결되어 삶을 움직이는 성령께서 강림하시게 한다. 당연히 이때 두려움이 비집고 들어와 우리를 지배할 여지는 없다. 두려움을 느낄 때가 분명히 있겠지만 두려움에 지배당하거나 두려움 때문에 우리가 응답하는 방식과 내용이 통제당하거나 힘을 소진할 필요는 없다. 관상하는 삶을 살며 자유를 포용하고 의식을 확장시킬 때 우리는 예수님께서 그러셨던 것처럼 한없이 경이롭게 우리가 경험하는 모든 죽음과 죽어 감(dying)에 참여하며 두려움에 응답할 수 있다. 죽음이 일어나는 매 순간 성령께서 강림하시고, 성령께서 움직이는 순간마다 부활이 있다. 그리고 생명도 있다.

성찰
관상

초신성이 폭발해 우리태양이 탄생하는 현장에 있다고 상상해 봅니다. 뜨겁게 타오르던 거대한 별이 점점 더 붉게 변하더니 폭발합니다. 별에서 뿜어져 나온 잔해가 수십억 조각으로 흩어져 우주 공간에 물결처럼 퍼져 나갑니다. 이 과정이 우주에서 별 하나가 죽어 사라지는 것임을 인식합니다.

이제 초신성에서 나온 잔해가 커다란 수소 구름과 부딪히고, 이내 작은 조각조각들이 중력에 끌려 새로운 별로 모양을 갖춰 가는 모습을 그려 봅니다. 새로 갓 태어난 태양이 주기적으로 회전을 시작하고, 그 주위에 행성이 자리를 잡는 모습을 지켜봅니다.

여러분이 알고 있는 행성들을 찾아봅니다. 수성, 금성, 지구, 화성, 목성, 토성, 천왕성, 해왕성…. 지구로 주의를 되돌립니다. 뜨겁던 지구가 식으면서 단단한 땅이 만들어지고, 낮은 곳으로 흘러 고인 물이 바다를 이루고, 생명이 등장하는 것을 봅니다.

우리의 생명이 태양과 얼마나 가깝게 연결되어 있는지 느껴 봅니다. 별의 죽음에서 태양이 태어나고 지구가 만들어지고 생명이 등장하는 것을 모두 지켜본 지금, 생명과 죽음에 관해 새롭게 인식하게 되는 면이 있습니까? 혹시 창조주에게 하고 싶은 말이 있습니까? 있다면 어떤 말이 하고 싶습니까?

자신의 삶에서 '초신성 체험'을 한 적이 있습니까? 고통스럽지만 우주에 꼭 필요한 부분인 생명-죽음-생명-죽음을 만난 곳은 어디입니까?

이 장에서 여러분이 받아들이기 어렵거나 저항을 느꼈던 내용은 무엇입니까? 한없이 경이로운 부분은 어디입니까?

잠시 고요히 앉아 있도록 합니다. 성령께서 여러분에게 어떤 것을 보여 줍니까? 여러분은 어떻게 응답하겠습니까?

모든 피조물의 하느님,
저희는 죽음이 생명 깊이 들어와 있는 신비임을
받아들이지 못하고 저항할 때가 많습니다.
때로는 죽음이 두려워서,
때로는 당신이 주신 소중한 생명을 빼앗길 것 같아서
죽음을 받아들이기가 무척 힘이 듭니다.
예수님께서 그러셨듯이,
죽음이라는 실재를 은총으로 받아들일 수 있도록 도와주소서.
몸의 죽음뿐 아니라
사는 동안 만나게 되는 모든 죽어 가는 과정에
가능한 한 깨어 자유롭게 참여하도록 도와주소서.
그리고 죽음에 들 때
저희 자신이나 다른 이들에게 가혹하지 않게 하시고,
신비로 저희를 인도하소서.
사랑으로 가득한 당신 품에 들게 하소서. 아멘.

열한 번째 이야기

신비

RADICAL AMAZEMENT

나는 빛을 만드는 이요 어둠을 창조하는 이다.
— 이사 45,7

우주의 팽창 속도가 점점 빨라지는 것은
공간 자체에 숨어 있는 암흑 에너지 때문이라고 여겨진다.
— 스티븐 와인버그Steven Weinberg

확실한 것은 신비가 우리를 관통해 흐른다는 점이다.
언제든지 우리가 온전한 육화를 구하며
내면의 신비에 이바지할 때 외연의 신비와 직결된 체험을 하게 된다.
신비와 더욱 의식적으로 관계 맺을 때 우리는 더 깊이 살아 있게 된다.
— 제임스 홀리스James Hollis

20세기에 알게 된 제일 놀라운 사실은 우주가 팽창하고 있다는 것이다. 이때 우주는 이미 존재하는 시간과 공간 안에서 팽창하는 것이 아니라 우주라는 시공간 자체가 커지고 있는 것이다. 앞에서 이야기한 것처럼, 아인슈타인과 그 당시 사람들은 우주가 정적이고 변하지 않는다는 생각에 익숙해져 있었다. 상대성 이론은 우주가 정적인 상태로 가만히 있을 수 없고 팽창하거나 수축해야 한다고 암시했고, 이 이론을 내놓은 아인슈타인도 자신이 발견한 것에 깜짝 놀랐다. 1929년 에드윈 허블은 적색편이[63]라고 알려진 현상을 측정해, 우주가 팽창하고 있다는 결정적인 증거를 발견했다. 이 발견으로 우주가 정적이라 믿고 싶었던 이들은 침묵할 수밖에 없었다.

한동안 과학자들은 우주가 일정한 속도로 팽창하고 있을 것이라고 추측했다. 하지만 1990년대에 아주 멀리 있는 은하들이 예상했던

---

[63] 움직이는 물체가 내는 빛의 파장이 한쪽으로 치우쳐 보이는 현상으로, 빛이 우리를 향해 다가올 때 원래의 파장보다 짧아져 푸른빛 쪽으로 이동한다. 우리에게서 멀어질 때는 파장이 길어져 붉은빛 쪽으로 이동하는데, 이 때문에 적색편이라고 불린다.

것보다도 더 어둡게 보인다는 것이 알려졌다. 그것은 멀리 있는 은하들이 우주가 일정한 속도로 팽창한다면 예상되는 위치보다 더 먼 곳에 있다는 의미였다. 이후 새로운 데이터를 통해 우주가 팽창하는 속도가 점점 빨라지고 있다는 것이 밝혀졌다. 1998년에 버클리에 있던 초신성 우주론 프로젝트 팀과 하버드의 고-적색편이high-redshift[64] 초신성 팀, 이렇게 독립된 두 연구진이 허블우주망원경으로 이를 확인했다.[65] 우주가 온 사방으로 팽창하고 있을 뿐만 아니라 속도도 점점 더 빨라지고 있다는 것이다.

우주의 팽창을 가속시키는 힘을 '암흑 에너지'라고 부르게 되었는데, 암흑 에너지는 중력과 반대되는 힘으로, 눈에 보이지는 않지만 주변에 미치는 영향으로 그 존재를 알 수 있다. 시카고 페르미 연구소의 숀 캐럴Sean Carroll[66]에 따르면 암흑 에너지는 매우 고르게 퍼져 있고, 우주가 팽창함에 따라 밀도가 일정하게 유지된다고 한다. 다시 말해 암흑 에너지가 시간과 공간에 따라 변하지 않고 일정하게 유지된다는 것

---

64 적색편이가 클수록 더 멀리 있다. – 역자 주
65 1920년대 말 에드윈 허블의 관측으로 우주의 팽창이 알려진 이후, 우주가 앞으로 팽창을 계속할 것인지 아니면 언젠가는 중력의 영향으로 팽창 속도가 느려질 것인지가 천문학자들의 큰 관심사였다. 우주가 빅뱅으로 생겨날 당시의 폭발력으로 지금 팽창하고는 있지만 언젠가는 중력의 영향으로 팽창하는 속도가 점점 느려질 것이라는 것이 일반적인 생각이었다. 하지만 두 연구진의 관측 결과, 우주가 팽창하는 속도가 점점 더 빨라지고 있음이 밝혀졌다. 이 연구를 이끈 세 사람은 기존에 우리가 우주에 대해 갖고 있던 통념을 바꾸고, 우리가 살고 있는 우주의 본 모습을 밝힌 공로로 2011년 노벨물리학상을 공동 수상했다. – 역자 주
66 Sean M. Carroll, "Cosmology Primer", http://preposterousuniverse.com/writings/cosmologyprimer/

이다. 일부 학자들은 암흑 에너지의 존재가 밝혀지면서 중력의 영향만 있다고 가정했을 때의 생각(언젠가 우주가 팽창을 멈추고 안으로 붕괴하고 말 것이라는)이 설득력을 잃었다고 믿는다.

최근의 다른 연구에서도 암흑 에너지가 120억 광년 떨어진 먼 곳에서부터 우리은하를 포함하는 가까운 은하단에 이르기까지 우주의 모든 영역에 퍼져 있다는 것이 확인되었다. 워싱턴 대학의 파비오 고버나토Fabio Governato는 지금까지의 자료를 보면 우주는 암흑 에너지라는 바다 위에 수십억 개의 은하들이 섬처럼 떠 있는 모습이라고 설명한다.[67]

암흑 에너지에 관해 정말 놀라운 점은 암흑 에너지가 우주의 약 70퍼센트를 차지한다는 점이다! 우주의 3분의 2를 우리는 보지도 만지지도 못하지만, 그것이 미치는 영향을 부인할 수는 없다. 중력과 반대되는 힘인 암흑 에너지가 생명을 유지하고 발달시키는 데 중요한 역할을 해 왔으며, 신비하게 지속되고 있는 창조에 기여해 온 것이 틀림없다.

그렇다고 암흑 에너지가 우주에서 눈에 보이지 않는 암흑의 신비로 유일한 것은 아니다. 기술이 발달하면서 먼 곳에 있는 은하들도 관측할 수 있게 되었는데, 과학자들은 이 은하들이 회전하는 속도에 깜짝 놀랐다. 어떤 은하들은 1초에 9만 6천 킬로미터라는 엄청나게 빠른 속도로 회전하고 있었다. 당연히 "어떻게 이 은하들이 사방으로 흩어

---

[67] Sara Goudarzi, "Nearby Evidence for Dark Energy", Special to Space.com(Mar. 2005), http://www.space.com/170-nearby-evidence-dark-energy.html.

지지 않고 하나로 뭉쳐 있을까?"라는 질문을 하게 되었고, 그 답은 '암흑 물질'이다.

암흑 물질도 눈에 보이지는 않지만 주변에 미치는 중력의 영향으로 그 존재를 알 수 있다. 여기서 '암흑'이라는 표현은 빛과 반응할 수 있는 전기적인 성질이 없어서 우리가 볼 수 없다는 의미이다. 암흑 물질은 우주의 약 25퍼센트를 차지한다. 암흑 에너지가 중력과 반대되는 힘을 작용하고 우주 전체에 고르게 펴져 있는 반면, 암흑 물질은 밀도가 높고 은하나 은하단의 중력장에 영향을 미친다.

암흑 에너지와 암흑 물질은 오늘날 과학자들이 이해하려는 수수께끼 중에서도 아주 중요한 것이다. 초신성 우주론 프로젝트를 이끌고 있는 솔 펄머터Saul Permutter[68]는 "우주의 거의 대부분을 차지하는 암흑 물질과 암흑 에너지에 대해 우리는 아는 바가 거의 없다."[69]고 잘라 말한다. 우주의 대부분이 우리가 알지 못하는 신비인 것이다. 우주의 95퍼센트나 되는 부분을 눈으로 볼 수도 만질 수도 없지만, 모든 생명이 존재하게 된 것은 이 암흑 물질과 암흑 에너지가 창조력 안에서 물질들을 하나로 모아 온전하게 하거나 끊임없이 확장하며 펼쳐 낸 덕분이다.

신비에 익숙한 사람은 많지 않다. 신비에 익숙해지려면 어두움과 친숙해져야 한다. 신비는 모르는 것, 미지의 것, 보이지 않는 것과 상

---

[68] 우주의 가속 팽창을 발견해 2011년 노벨물리학상을 받은 수상자 중 한 명 – 역자 주
[69] Paul Preuss, "Dark Energy Fills the Cosmos", Science Beat, an online publication of Berkeley Lab, http://www.lbl.gov/Science-Articles/Archive/dark-energy.html.

관이 있기 때문이다. 그리고 보이지 않는 것에 대한 신뢰 외에는 붙잡고 의지할 게 전혀 없는 때조차 현재의 순간에 편견 없이 깨어 살아가는 것을 의미한다. 신비와 함께할 때 우리는 우리를 잡아 주는 힘을 자각하고 앞으로 당기는 힘을 예민하게 느끼면서 어둠 속을 헤쳐 나갈 수 있다. 흔히 우리는 미지의 것과 불확실한 것들을 더 깊은 진실로 이끄는 초대로 보기보다는 없애야 할 위협으로 인식하고 신비에 저항한다. 익숙하고 안전한 곳에 머무르고 싶은 마음에서 정통 교리와 신조 뒤에 숨어 영적으로 성장하는 데 도움이 되는 불편한 질문들과 풀리지 않는 의문들을 외면하기도 한다. 어두움을 좋아하지 않는 것이다! 하느님이 곧 신비라고 고백할 때조차도 무섭거나 비현실적이라며 손에 잡히지 않는 것에 스스로를 내맡기는 것에 저항한다.

    신비는 우리에게 자신의 삶을 내려놓고 소명에 응답하는 데 방해가 되는 현안들도 내려놓으라고 요구한다. 신비는 지혜와 함께 살도록, 그래서 굳건하게 서야 할 때와 날아오를 때가 언제인지 알도록 초대한다. 신비는 우리가 미지의 것들 속에서도 믿음으로 살아가고 불확실한 것들 속에서도 희망을 가지라고 요청한다

    신비 앞에서 불편한 것은 그래서 당연한 일인지도 모른다. 생명을 주는 것이 아니라면 그 무엇도 그냥 내버려 두지 않을 것이기 때문이다. 우리가 본래의 모습보다 작은 척하는 것을 용납하지 않고, 두려움에 차 숨으려고 하는 곳을 노출해 버릴 것이다. 신비는 우리의 자아와 두려움들을, 편견과 현안들을 내려놓고 사랑으로 자유롭게 뛰어들 것

을 요구한다. 우리는 우리의 인간성 마지막 한 조각까지, 하느님께서 신비의 손길에 충실하도록 주신 은총의 마지막 한 방울까지 취해야 한다. 우리는 바로 이 때문에 태어났다. 우리는 신비와 지혜와 사랑을 위해 태어났다. 우리는 피조물이 스스로를 의식하고 깨닫게 하려고 태어난 존재이다. 성령께서 몸이 되신 생명을 위해 우리는 태어났다. 신비는 선택이 아닌 필수이며, 우리의 참여를 요구한다.

지극히 거룩하신 분은 신비이며, 신비는 지극히 거룩하신 분이다. 우리는 하느님을 알고 있다고 생각할 때 우리가 생각하는 이미지는 하느님이 아니라는 말을 흔히 한다. 하느님은 우리의 마음으로 이해할 수 있는 모든 것을 넘어서는 분이시기 때문이다. 하느님은 자유를 제한하는 규칙과 규정들 너머에, 두려움을 불어넣는 교리와 교의 너머에 계신다. 우리가 광대한 우주의 대부분을 직접 볼 수도 만질 수도 없는 것처럼 하느님도 마찬가지시다. 그리고 암흑 에너지와 암흑 물질처럼 하느님의 현존을 나타내는 징후는 온 우주 어디에나 있다. 암흑 물질이 보이지 않는 중력의 힘으로 은하들을 하나로 묶어 놓듯이, 신비는 거룩한 어두움 속으로 우리를 끌어당긴다. 신비의 이런 당김으로 인해 우리는 지능과 인격을, 관계와 일을, 목적과 의미를 갖게 되었다. 신비는 우리가 누구인지, 그리고 우리가 무엇이 될 수 있는지 그 모두를 이해하고 있다. 거룩한 어두움은 우리를 중심으로 끌어당겨 온전하게 하며, 그 온전함의 장소에서 살아갈 때 우리는 성령의 현존을 온 세상에 드러내는 빛나는 존재가 되어 별들처럼 다른 이들의 삶을 밝히게 된다.

신비는 반대로도 작용한다. 암흑 에너지가 중력에 반대되는 힘으로 우주를 팽창시키는 것처럼 지극히 거룩하신 분 또한 우리를 익숙하고 편안한 곳에서 몰아내 가 본 적 없는 미지의 땅으로 나아가게 하신다. 이 과정을 통해 우리는 우주 진화의 일부가 된다. 신비는 우리가 생명에 참여하기를 바라고 또 요구한다. 우리라는 존재는 그 자체로 '관계성 안에 있다.' 우리는 주어진 역할을 어떻게 해낼 것인지, 두려움에 차 저항할 것인지 아니면 사랑을 바탕으로 위험을 감수할 것인지 선택해야만 한다. 암흑 에너지를 타고 미지의 영역으로 들어갈 때, 이해할 수는 없지만 은총인 신비에 '예'라고 대답할 때 우리는 인간의 모습으로 성령을 드러내게 된다. 동시에 우리는 순수한 사랑의 표현인 우주에서 창조에 함께 참여하는 동반자co-creator라는 역할을 완수한다.

십자가의 성 요한은 신비 안에서의 삶에 대한 통찰을 '어두운 밤'이라는 시로 표현했다.

> 어느 어두운 밤,
> 절절한 사랑의 갈망으로 불타올라
> 아, 그 순정한 은총이여!
> 이제 나의 집이 모두 고요해졌으니,
> 나는 보이지 않게 밖을 나선다.[70]

성 요한의 시는 하느님과 영혼의 합일에 관한 것이고, 영혼의 어두운 밤은 어둠 속에서, 우리 삶에서 보이지 않고 숨겨진 밤의 장소에서 일어나는 성장을 가리킨다. 우리는 절절한 사랑의 갈망으로 불타오르고 있다. 우리는 모든 생명을 존재하게 한 근원이 된 불꽃의 일부이기 때문이다. 우리가 느끼는 절절함은 우리를 둘러싼 우리 안에 있는 조건들을 각성하는 데서 온다. 신비가의 시는 특별히 부름받은 이들, 우리가 "거룩한" 능력이 있다고 인정하는 선택받은 이들만을 위한 것이 아니다. 우리의 정체성이 벼려지는 비밀스런 과정을 표현한 '어두운 밤'은 우리 한 사람 한 사람에게 해당된다.

성 요한은 "나의 집이 모두 고요해진" 적당한 때에 어둠 속으로 밀려나듯 밖으로 나선다. 어둠 속을 걸어가는 성 요한의 발걸음은 혼돈의 격랑이 아니라 고요 속에 시작된다. 그는 관상의 침묵이라는, 하느님의 사랑과 신실함을 가장 잘 알 수 있는 평화의 장소에서 걸어 나온다. 두려움이나 의심으로 흥분한 상태도 아니다. 앞길에 무엇이 놓여 있을지 모르지만 저항하지 않고 확신에 차 신비 속으로 걸어 들어간다. 그는 어둠을 신뢰한다. 사랑하는 이의 존재가 자신을 온전한 은총으로 인도할 것을 믿기 때문에.

오 밤이여, 감미로운 길잡이여!

---

[70] John of the Cross, "The Dark Night", *The Collected Works of St. John of the Cross*, Kieran Kavanaugh, O.C.D. and Otilio Rodriguez, O.C.D. trans.(Washington, D.C.: Institute of Carmelite Studies, 1979), 295.

> 오 새벽보다 더 사랑스런 밤이여!
> 사랑하는 이와 사랑받는 이가 하나 되어,
> 그 사랑 안에서 변화되게 하는 밤이여.[71]

밤의 정적 안에서 거룩한 어두움과 하나가 될 때 우리는 가슴 깊은 곳 동굴에 있는 신비와도 하나가 된다. "나는 나 자신을 버리고 잊어버렸다."고 시인은 들려준다. 자신을 버리고 잊어버리는 중에 채워져 자신이 누구인지 기억하게 된다.

성목요일 밤에 신자들이 모여 앉아 침묵 속에서 기다린다. 빛이 꺼지고, 우리는 노래한다.

> 거룩한 어둠이여, 축복받은 밤이여,
> 하늘의 응답은 우리 눈에서 가려져 있네.
> 오, 침묵의 하느님이신 당신을 기다리는 동안
> 저희는 당신의 거룩한 밤을 껴안나이다.

삶은 어둠으로 둘러싸인 신비이다. 하지만 이 어둠은 가능성과 힘으로 가득 찬 풍요로운 신비이다. 우리가 어둠 속으로, 창조와 창조력의 심장부로 초대받았고, 또 그 신비에 참여하라고 요청받았다는 점은

---

[71] Daniel L. Schutte, "Holy Darkness", (OCP Publications, 1992)

더없이 경이롭다. 확실히는 모르지만, 우리는 이 초대와 우리를 초대하신 이를 전적으로 신뢰한다. 십자가의 성 요한과 예수님처럼 우리도 어두움을 받아들여 생명의 광채로 가득하기를!

성찰
관상

지구에서 약 120억 광년이 떨어진 우주 먼 곳으로 여행을 떠난다고 상상해 봅니다. 가는 동안 우주 공간에 무리 지어 있는 은하단을 지납니다. 중력의 힘이 그 은하단들을 하나로 묶고 있습니다. 은하단이 얼마나 빠르게 회전하고 있는지 눈여겨봅니다. 암흑 물질의 힘이 아니라면 이 은하들은 우주 공간으로 뿔뿔이 흩어졌을 것입니다. 눈에 보이지는 않지만 하나로 묶어 주는 힘으로 연결되어 움직이고 있는 은하들을 지켜봅니다.

그리고 이제 이 은하들이 연결되어 있지만 우주는 팽창 중이라는 것을, 우주의 시간과 공간이 팽창하고 있는 것을 알게 됩니다. 눈에 보이지 않지만 그 영향이 미치지 않는 곳이 없는 암흑 에너지 때문에 우주는 점점 더 빠르게 팽창하고 있습니다.

여러분 자신의 삶을 돌아봅니다. 신비에 이끌려 어둠 속에서, 어둠을 통해 여러분이 좀 더 온전하게 통합되었던 때를 찾아봅니다. 하느님께서 신비로운 통찰력이나 움직임으로 여러분을 놀라게 하셨던 때를 찾아봅니다. 성령의 힘에 이끌려 위험을 무릅쓰고 상상도 못했던 방식으로 어둠의 신비에 동참했던 때를 떠올려 봅니다.

이 장에서 여러분이 받아들이기 어렵거나 저항을 느꼈던 내용은 무엇입니까? 한없이 경이로운 부분은 어디입니까?

잠시 고요히 앉아 있도록 합니다. 성령께서 여러분에게 어떤 것을 보여 줍니까? 여러분은 어떻게 응답하겠습니까?

저희 안에서,
저희를 통해 창조하시는
거룩한 어두움이자 신비이신 하느님,
저희가 어둠에 저항하지 않게 도와주소서.
저희가 혼란에 빠져 확신할 수 없고
이해도 할 수 없는 바로 그 순간에
당신을 믿고 의지할 수 있도록 도와주소서.
미지에 대한 두려움에서 저희를 치유해 주시고,
바로 지금 이 순간 내면의 어두움 속,
당신만이 아시는
보이지 않는 비밀의 장소에서 진행되는
창조의 과정에 저희를 온전히 내맡기게 하소서.
우주를 팽창시키는 암흑 에너지처럼
당신의 성령으로 저희의 존재를 확장하시어
당신께서 저희에게 바라시는 존재에
더 가까이 다가가도록,

더 자유로워지도록,

더 사랑하며 사랑받는 이가 되도록 도와주소서. 아멘.

열두 번째 이야기

한없는 경이로움

RADICAL AMAZEMENT

우리 내면에는 살면서 만나는 그 무엇보다 큰 힘이 있다.
이 힘은 때로는 엄청난 모습으로, 때로는 깊은 곳에서 펼쳐지는 고요함으로 드러난다.
수 세기 동안 이 힘을 타오르는 열정이라고 불렀다.
하지만 이 힘은 스스로를 내세우지 않는다.
이 힘에 어떻게 반응할지는 우리 각자의 몫이다.
그 결정으로 이후 인생의 항로가 정해진다.

― 파울라 달시Paula D'arcy

두려움을 떨치고 용감해지는 데에는 여러 가지 방법이 있습니다.
무엇보다 용감해지십시오.

― 크리스토퍼 리브Christopher Reeve

언젠가 바람과 파도와 조수와 중력을 통제하고 나면,
우리는 사랑의 에너지를 활용하게 될 것이다.
그것은 인류 역사상 두 번째로 불을 발견하는 대사건이 될 것이다.

― 테야르 드 샤르댕Teilhard de Chardin

진화하는 우주와 그 안에서 번성하는 지구, 그 위에 번창하는 인류,
이 모두는 하느님의 은총으로 가득 차 있다. 이것이 바로 지구가 곤경에 처한
이 중요한 시기에 우리가 부름받은 신학적 비전이자 구체적인 실천 양식이다.

― 엘리자베스A. 존슨Elizabeth A. Johnson, CSJ

처음으로 돌아가, 창조를 잘못 이해하면 신을 잘못 이해하게 된다고 한 토마스 아퀴나스의 말을 다시금 떠올려 보자. 이 책을 관통하는 주제는 신성the Divine과 마주할 때 우리 안에 한없는 놀라움이 생겨난다고 한 아브라함 헤셸의 통찰이다. 또 도로테 죌레는 한없는 놀라움은 관상이 시작되는 지점이며, 수행이자 삶의 방식으로서의 관상은 존재하는 것에 주의를 기울이고 이루고자 하는 것what seeks to be에 응답한다고 주장했다. 죌레의 주장처럼 그 무한한 경이로움으로 인해 정말 사소해 보이던 일상 중심에 숨어 있던 중요하고 장엄한 면모가 드러난다.

　이 책의 각 장에서 우리는 새로운 우주 이야기에서 알게 된 사실을 깊이 들여다보고, 그렇게 함으로써 우리나 우리 안에서 신성함이 조금씩 더 드러난다는 것을 깨닫게 되었다. 여러분에게도 무한히 경이로운 순간이 있었기를 바라며, 여러분의 가슴과 삶 속에서 지극히 거룩하신 분께 대한 감각이 깊어지는 성찰의 침묵이 있었기를 바란다. 어쩌면 이미 자기 삶에 보다 주의를 기울이며 사방에서 더없는 경이로움들을 발견했을지도 모르겠다.

현대 과학의 발견들을 통해 우리는 창조계와 인간 본연의 아름다움이 드러나는 자연으로 되돌아가 보았다. 우리의 신앙 전통에서는 산과 바다와 씨앗에서부터 빛에 이르기까지 다양한 창조의 이미지에 빗대어 형언할 수 없는 것을 이해하려 하였다. 이 책에서는 우리가 맺고 있는 모든 관계들, 즉 지극히 거룩하신 분과의 관계, 우리 서로서로의 관계, 창조계와의 모든 관계가 위기에 처한 이때에 새로운 이미지와 은유들을 통해 그 관계들을 더 깊이 확장하고자 했다.

예수님은 제자들과 마지막으로 함께하신 자리에서 하나 됨에 대해 말씀하시고 재차 강조하셨다. "거룩하신 아버지, 이들도 우리처럼 하나가 되게 해 주십시오. 우리가 하나인 것처럼 그들도 하나가 되게 하려는 것입니다."(요한 17,11.22) 예수님의 사명이자 그분의 메시지의 핵심이 이 말에 담겨 있다. 예수님의 생애는 지극히 거룩하신 분과 전적으로 하나 되는 것이었고, 따르는 이들 또한 마찬가지로 하나 되는 삶을 살기를 기도하셨다. 이 책에 담긴 성찰에서 우리는 서로 친교를 나누고 창조된 존재이자 창조하는 전체로 기능할 때 (획일적이 아닌) 연결성을 확인한다. 또한 하나 됨 안에서 다양성이 지니는 아름다움을 찬양하며 살아가는 데 도움이 되는 이미지들을 찾을 수 있다.

하지만 중요한 질문들은 남아 있다. 어떻게 하면 창조된 존재로, 또 창조하는 전체로 살 수 있을까? 우리가 이 비전 안에 뿌리를 내리고 구체화하는 데 도움이 되는 것은 무엇일까? 다시 한 번 우리는 현대 과학과 새로운 우주 이야기에서 그 답을 찾을 수 있다. 일부 학자에 따르면 우주의 팽창을 알게 된 것이 20세기의 가장 위대한 발견이라고 한다. 이 발견이 시사하는 바를 제대로 이해하기까지는 시간이 더 필요할 것이다. 하지만 우주가 아름답고 장엄한 무한한 창조력 안에 스스로를 내던지고 있다는 이미지에서 이런 질문에 답할 단초를 찾을 수는 있을 것 같다.

우주와 마찬가지로 우리는 스스로를 확장하라는, 창조적으로 또 열정적으로 삶 속에 스스로를 내던지라는 부름을 받고 있다. 우리를 처음 잉태한 태초의 불로 발화되라는 초대를 받고 있는 것이다. 우리는 두려움을 태워 버리고 모든 피조물에게 자비의 온기를 가져다줄 사랑의 불꽃이 되어야 할 운명을 타고 났다. 우리가 확장 혹은 팽창한다는 것은 우리를 생명과 멀어지게 하는 것은 무엇이든 거부하라는 의미이다. 뿐만 아니라 우리가 받은 선물과 하느님의 창조 작업에 동참할 수 있는 능력을 받아들인다는 의미이기도 하다. 그렇다면 이제는 우리가 어떤 종류의 확장을 통해 하나 됨 안에서 살아갈 수 있을 것인지 숙고해야 할 차례이다.

새로운 우주 이야기는 우리가 가진 **하느님의 이미지를 확장하라**고 요청한다. 지난 여러 세기 동안 우리는 하느님이 형언할 수 없는 거룩한 신비임을 잊어버렸다. 대신에 하느님을 그분이 창조한 세상 바깥에서 필요할 때면 고장 난 곳을 손보고 예정돈 시간에는 정기 점검을 하는 정비사처럼 여기며 살아왔다. 생기와 활력이 넘치는 존재와는 너무 동떨어진 이미지이지 않은가? "아버지"라는 사랑을 전하는 이미지로 부를 때도 우리는 지구에 뿌리를 내리기보다 저 멀리 하늘의 권좌에 앉아 있는 존재로 하느님을 인식한다. 최근에 재밌는 이야기를 들었다. 여러 인종이 모여 연극을 하고 있던 아이들에게 "신은 어디에 계실까?" 하고 물어보았다고 한다. 그랬더니 가톨릭 아이들은 하늘을 가리키고, 힌두교 아이들은 자신의 심장을 가리켰다고 한다. 하느님의 초월성을 지키는 것은 중요하다. 하지만 어디에나 계시는 하느님의 현존을 훼손해서는 안 된다. 하느님의 현존은 창조 안에 짜여 들어 있어 미치지 않는 곳이 없고 존재하는 모든 것을 통해 드러난다. 그렇다면 우리가 가진 하느님의 이미지는 적어도 생명만큼 크고 우주만큼 광활해야 할 것이다.

하느님에 대한 이미지를 확장하는 것은 **한없이 경이로운 신비이신 하느님을 포용하라**는 초대이기도 하다. 하느님은 창조 안에서 계속 표현하는 분이시며, 창조의 구석구석에서 새로운 생명으로 창발하는 분이시다. 우리가 가진 제한된 이미지 안에서 하느님을 투사하는 인간 중심적인 태도를 버려야 한다. 우리는 자유와 연민, 신의와 봉사, 정의와 자비를 특성으로 하는 하느님을 본떠 그런 창조주와 닮은 모습으로 만들어졌다. 하지만 거꾸로 우리의 관점을 하느님께 투사할 때 하느님의 그런 특성들은 사라지고 만다. 신비이신 하느님을 받아들이는 것은 우리가 경이로움에 열린 태도로, 우리를 늘 놀랍게 하시는 그분께 끝없이 새롭게 응답할 준비를 하고 사는 것을 의미한다. 신비의 하느님을 받아들이는 것은 하느님이 어디에나 계시며 항상 창조적인 방식으로로 일하신다는 것을 확신하고 미지의 것들을 불편하게 여기지 않으며 사는 것을 의미한다.

새로운 우주 이야기는 **모든 피조물을 품어 안을 수 있도록 우리의 가슴을 넓히라**고 초대한다. 홀론 이론에서 형태발생장의 가능성에 이르기까지 이 책 전반에서 우리는 생명들이 어떻게 서로 연결되어 있는지 살펴보았다. 연결성은 진정 우리가 존재하는 토대이다. 물리적인 면에서 영성적인 면까지 생명권biosphere 어디를 살펴보더라도 우리가 서로 연결되어 있다는 것이 드러난다. 우리는 이 진리에서 떨어져 살 수 없다. 아인슈타인은 분리되어 있다는 생각을 '망상'이라고 했다. 하지만 수 세기 동안 우리는 그런 망상 속에서 살아왔고 그 결과, 엄청난 대가를 치러야 했으며 또 치르고 있다. 오늘날 우리가 직면한 셀 수 없이 많은 사회 문제와 생태 문제들은 모두 우리의 착각에서 비롯된 것이다. 우리와 소속이 다른 사람들에서부터 호흡하는 공기에 이르기까지 우리가 만나는 창조계의 다른 구성원들과 우리가 분리되어 있고, 우리가 그들보다 우월하거나 중요한 존재라는 착각이 그것이다. 가슴을 열고 모든 피조물들을 포용하지 못하면 결국엔 우리의 종말이 올 수도 있다.

가슴을 열어 모든 창조계를 품으려면 **우리가 가진 친교 능력을 받아들여야 한다.** 마이스터 에크하르트Meister Eckhart는 "관계는 존재하는 모든 것의 본질"[72]이라고 했다. 얼마나 지당한 말인가. 관계는 모든 생명이 필요로 하는 것이다. 무기물에게도 관계는 필요하다. 우리의 생명력은 우리가 만드는 관계와 우리가 나누는 친교에 달려 있다. 물론 우리는 스스로 독립적으로 기능하도록 만들어졌고, 우리 개개인이 받은 은사도 당연히 잘 개발하고 사용해야 한다. 하지만 이 은사를 제대로 표현하는 것이 스스로에게 생명을 주는 것인 만큼, 우리가 받은 은사는 가장 중요하게는 다른 이들을 위한 것이다. 이것은 다른 이들을 가까이 오지 못하도록 멀찍이 떼어 놓는, 우리가 분리되어 있다는 생각과 배타성을 버려야 한다는 것을 의미한다. 그리고 우리가 스스로와 친교하며 내면에 머무시는 하느님께 주의를 기울이는 데 방해가 되는 어떤 유혹도 거부하는 것을 의미한다. 음식보다 우리를 더 성장하게 하는 것은 관계이다. 관계 안에서 우리는 다른 이들이 누구인지를 발견하는 동시에 자신이 누군지를 알게 된다. 타자를 존중하고 다른 이와 자신 안에 있는 지극히 거룩하신 분을 받드는 친교야말로 우리가 포용해야 할 바이다. 관계성이 기본이라면, 친교는 필수이다.

　　새로운 우주 이야기는 **우리가 창발에 더 헌신하라**고, 우리 주변과 내면에서 펼쳐지고 있는 신성에 가능한 한 온전히 참여하도록 초대한다. 진화의 과정에서 생명은 완성된 형태가 아니다. 모든 생명은 끊임없이 변화하며, 좀 더 온전하게 스스로를 표현하고 의식을 키우기 위해 신음한다. 창발에 헌신한다는 것은 우리를 창조 작업에 동반자로 초대하시는 성령과 함께 세상에 참여하는 것을 의미한다. 우리는 새로

72　Matthew Fox, *The Coming of the Cosmic Christ*(New York: Harper and Row, 1988), 19.

운 생명을 찾고 양육한다. 우리는 열려 있으라는 과제에, 그리고 호모 사피엔스에서 모두에게 생명을 주며 몸과 마음과 영혼을 통합하는 우주적 인간 호모 유니버살리스로 성장하라는 과제에 스스로 도전한다.

창발은 지금껏 존재하지 않았던 무엇인가가 새롭게 펼쳐져 나오는 것을 의미한다. 성령에 대한 큰 신뢰 없이는 불가능한 일이다. 미지의 세계에 발을 들여놓을 때 우리를 안내할 지도가 없기 때문이다. 처녀지를 탐험하는 탐험가들처럼, 우리는 우리가 가진 생활의 기술과 우리를 앞으로 나가도록 충동하는 직관을 믿고 조심스레 길을 만들어 나가야 한다. 필요할 때는 방향을 바꾸고 위험을 감수할 준비가 되어 있어야 하고, 안정되고 편안한 것들이 차지하고 있는 자리는 창의력과 용기에 내주어야 한다. 이 여정이 어디를 향하는지는 알 수 없지만 앞으로 나가야 한다는 것을 확신하며 우리는 모든 생명을 품어 안는 새로운 인류가 등장하는 시대에 참여하고 있다. 창발에 더 헌신하려면 우리 안에서도 창발하고 있는 새로운 것들을 인내하며 기다릴 줄 알아야 한다. 신비가 빛 속에서와 마찬가지로 어두움 속에서도 힘 있게 말한다는 것을 받아들이며!

창발에 더 헌신하려면 우리가 가진 **자기 초월의 능력을 받아들여야 한다.** 의식을 가진 홀론인 우리는 의식의 새로운 단계로 나갈 수 있다. 우리에게는 자기 보전과 자기 적응의 긴장 사이에서 스스로를 보전하면서도 친교의 능력을 발휘해 다른 피조물들과의 연결성을 확인할 수 있는 역량이 있다. 또한 스스로를 초월할 수 있는 역량이 있기에 복잡성이 증가하는 방향으로 진화할 수도 있다. 우리가 생명에 관심을 가지고 무엇이 가치 있고 주변적인지 더 잘 분별하게 될 때 지적으로, 도덕적으로, 그리고 윤리적으로 더 깊은 깨달음으로 나아갈 수 있다. 우리에게는 질문하고 꿈을 꿀 수 있는 능력이 있고, 우리의 비전을 확장하고 타자에 관심을 쏟으며 살 수 있는 능력이 있다. 이런 자기 초월 능력으로 인해 치유가 가능해진다. 우리는 우리가 가진 상처와 흉터들보다 더 큰 존재이기 때문이다. 자기 초월 능력에 관심을 가질 때 보다 더 자유로워진다. 이런 자기 초월의 과정을 받아들일 때 우리는 창발을 계속하는 전체의 일부로서 스스로의 가치를 알게 되고, 따라서 두려움은 차츰 잦아들게 될 것이다. 자기 초월의 능력으로 자유로워질 수 있다. 창발의 흐름 안으로 들어갈 때 우리는 사랑으로, 창의적이고 자유롭게 응답하게 된다.

새로운 우주 이야기는 **우리가 부여받은 힘을 확장하도록** 초대한다. 마리안 윌리엄슨Marianne Williamson은 우리가 정말 두려워하는 것은 우리가 부족한 존재라는 사실이 아니라, 스스로도 가늠할 수 없이 강하다는 사실이다. 나는 이 말에 동의한다. 인류는 우주 전체에서 유일하게 "이렇게 하면 어떨까?"와 "왜 안 돼?"라고 물을 수 있는 힘을 부여받은 존재이다. 인간은 하느님의 모상을 본떠 만들어진 존재이고, 스스로를 인식하게 된 우주이다. 인간에게는 연민을 느끼는 가슴과 정의를 행할 지혜가 주어졌다. 인간만이 하느님과 관계를 맺고 진리에 충실하며 사랑에 봉사하는 삶을 살라는 부르심을 들었다. 우리에게는 힘이, 그런 능력이 있으며 이를 인식하고 자기 것으로 만들 능력도 있다.

예수님은 자신의 삶과 생애를 통해 생명 그 자체인 빛을 받아들이는 데 필요한 모든 것이 우리에게 있다는 것을 보여 주셨다. 세상의 빛이 되라는 예수님의 요청은 허울뿐인 초대가 아니라 강력한 약속이다. 현재 상태에 안주하지 말고 모두에게 연결되어 있다는 깨달음 속에 살아가라는 요청이기도 하다. 생애의 매 순간 우리는 다른 홀론 안에 있는 홀론으로서, 상호 의존적이면서도 자유롭게 다른 피조물들과 연결되어 있다. 우리의 선택 하나하나는 앞으로 일어날 가능성을 설정하는 형태발생장에 영향을 미친다. 우리가 능력 있고 힘이 센 존재라는 것은 부인할 수 없는 사실이다!

우리에게 주어진 힘을 제대로 발휘하려면 **우리가 가진 자기 보전 능력을 포용해야만 한다.** 다른 이들과 관계를 맺고 유지하는 능력은 자기 보전 능력과 균형을 이루어야 한다. 친교를 맺는 동시에 생명을 주지 않는 것에 지배권을 넘기지 않고 소명을 행하는 동안 확고하게 혼자 설 수 있어야 한다는 말이다. 우리 한 사람 한 사람은 전체에 필요한 선물을 갖고 있다. 이사야서(58,9)에는 "네가 네 가운데에서 멍에와 삿대질과 나쁜 말을 치워 버린다."고 되어 있다. 우리 주위의 이웃에게 다가가 정의와 자비가 부재한 곳을 살펴봄으로써 우리는 독자적으로 행동하는 능력 agency 을 발휘하게 된다. 우리 자신이나 누군가가 전체에 필수적이지 않다고 하는 거짓 앞에서 진리를 대변해야 한다.

우리가 직면한 문제를 경제 개발이나 군사적으로 해결할 수 있다는 그릇된 말을 거부할 때 우리는 빛을 대변하게 된다.

작인성agency은 모든 일을 우리가 한다는 의미가 아니라, 각자가 맡은 역할을 한다는 뜻이다. 티모테오에게 보낸 둘째 서간에서 바오로 사도는 그에게 하느님에게서 받은 은사를 다시 불태우라고 말한다. 이 은사의 특징은 두려움이 아니라 힘과 사랑과 절제이다(2티모 1,6-7). 우리는 진정 하느님의 성령으로 힘을 부여받았다. 우리가 사랑을 나눌 수 있는 것은 성령으로 벼려지고 자제력으로 단련된 이 힘 덕분이다. 이것이 바로 우리가 가진 자기 초월과 자유가 뜻하는 바이다. 가늠할 수 없이 강하기에 우리는 하게 될 일들을 사랑으로 행할 수 있다.

새로운 우주 이야기는 **관상을 통해 깨달음을 확장하도록** 초대한다. 우리가 가진 하느님의 이미지를 확장하고, 모든 창조물들을 받아들이고, 창발의 과정에 헌신하며, 우리가 부여받은 힘을 제대로 발휘해서 살아 내려는 노력은 관상에서 흘러나와야 한다. 그렇지 않으면 실패할 수밖에 없다. 왜냐하면 인류가 아무리 놀라운 종種이라 할지라도, 은총이 없으면 아무것도 아니기 때문이다. 하느님께서 우리를 창조에 동참하도록 부르신 것은 우리가 그런 권리를 획득했기 때문이 아니라, 우리에게 은총이라는 선물을 받을 수 있는 능력이 있기 때문이다. 깨어 주의를 기울이고, 보고 듣고 느끼고 직관할 수 있는 능력은 고요하고 포용하는 가슴에서 나올 때 더욱더 온전히 살아 있게 된다. 그래서 지금도 계속되고 있는 창조에 동참하는 것은 우리가 얼마나 고요해질 수 있는지, 가슴으로 귀 기울이는 평화로운 영혼을 가꾸느냐 그렇지 않느냐에 달려 있다.

새로운 우주 이야기는 **우리에게 경외감을 느낄 수 있는 능력이 있다는 것을 포용하도록** 한다. 우리는 무한히 경이로운 것들에 둘러싸여 있다. 매 순간 지극히 거룩하신 분은 진리를 드러내고자 하신다. 신성한sacred 무언가가 늘 진행 중이다. 하지만 우리는 자주 그 순간을 놓쳐버린다. 시끄럽게 주의를 끄는 것들이 너무 많다 보니 바라보는 것조차 피곤해하며 모든 것을 금방 무시해 버린다. 주변에 자극이 너무 많아서 아름다움을 알아차리기에 우리의 감각은 너무 무뎌졌고, 경이로운 순간을 맞이하고 빠져들기에 너무 지쳐 있지 않은가. 햇빛을 포획할 수 없었던 원시 세포들처럼 우리는 온 누리에 빛이 가득한데도 어두움 속에서 시들어 가고 있다.

관상적인 삶의 핵심은 다시 경외감에 주의를 기울이는 것이다. 아브라함 헤셸은 경외감은 "모든 실재의 신비와 조화를 이루는 존재 방식"이라고 말한다.

> 경외감은 우리가 세상 속에 하느님이 존재하신다는 것을 감지할 수 있도록, 작은 것 안에서 무한히 중요한 것이 시작되는 것을 감지하도록, 가장 흔하고 단순한 것에서 궁극의 것을 느끼도록, 숨 가쁘게 지나치는 것 안에서 영원의 고요함을 느낄 수 있도록 해 준다.[73]

경외감은 아주 잠시라도 하던 것을 멈추고 지금 눈앞에 있는 것이 무엇인지, 응답을 불러일으키려고 애쓰는 게 무엇인지 바라보고 우리가 신성하다고 여겨 온 것에서 신호를 끌어내는 데서 시작된다. 경외감을 느끼는 순간 우리는 모든 것들이 연결되어 있음을 보게 되고, 우리가 얼마나 깊이 상호 연결되어 있는지 알게 됨으로써 겸손하게 살게 된다. 매 순간 거룩한 것을 더 잘 알아차리게 될수록 우리는 자기 자신과 모든 생명을 강화시키는 형태발생장을 만들어 내게 된다. 경외감은 우리를 자아 너머로 이끌어 가슴을 열도록 하고, 항상 더 크게 스스로를 드러내며 친교를 구하는 신비 안으로 깊이 빠져들게 한다. 경외감에 충실하다 보면, 주변에서 다양하게 생명이 창발하는 방식에 주의를 기울이려 노력하다 보면 우리는 관상적인 삶을 살게 된다. 그리고 관상적인 삶을 살다 보면 계속 스스로를 열어 진화하고 우주와 하느님께 연결되어 있게 된다.

경이로움 안에서 살다

우리가 하느님의 이미지를 확장하고 모든 창조계를 생명으로 포용하며 새롭게 창발하는 것과 부여받은 힘을 확장하는 데 온 힘을 기

---

73 Abraham Heschel, op. cit., 74–75.

울이고 관상의 태도로 주의를 기울이며 산다면 그런 삶은 어떤 모습일까? 삶이 얼마나 경이로움으로 가득할지 상상이 되는가? 그런 삶이 가능할까? 그런 삶에 여러분의 생을 걸 수 있는가?

한없는 경이로움 속의 삶은 지금보다 느리게 사는 모습일 것이다. 우리는 '아무것도 아닌 것'을 하느라 시간을 허비한다. 고요히 앉아 있는 법을 배우면 주변의 것들을 알아차리게 된다. 노래하는 새와 뛰노는 아이들의 소리를 듣게 되고, 구름과 계절이 바뀌는 신호들을 알아차리게 된다. 나무와 이웃들과 친구가 된다. 느긋해지기 시작하고 지구의 에너지 리듬에 맞춰 긴장도 서서히 사라진다. 한 박자 느리게 살다 보면 내면의 움직임들도 알아차리게 된다. 때로 유쾌하지 않을 때도 있지만 느낌들이 떠오르고 거기에 담긴 메시지를 듣고 지구를 통해 성령께서 주신 치유의 에너지를 가져올 때 우리는 그 메시지를 듣는 것이 때로는 고통스럽더라도 우리 내면의 진리와 닿아 있는 것이 도움이 된다는 것을 알게 된다.

깨어서 주변과 내면에서 일어나는 일들을 예민하게 알아차리며 살아갈 때 에너지가 고갈되거나 파국으로 내모는 블랙홀 체험으로 쉽게 빨려 들어가지 않게 된다. 그리고 피할 수 없는 것이라면 보다 힘차고 용기 있게 맞을 수 있게 된다. 우리가 경이로움과 경외감으로 차 있을 때 무언가에 의존하거나 중독되거나 혹은 다른 식으로 우리의 자유를 제한하는 행동들은 자리 잡기가 어려워진다. 어둠이 우리를 압도하는 그런 때에도, 암흑 속에서도 빛이 뚫고 들어올 가능성이 있음을 (관상적인 태도로 주의를 기울일 때에만 들을 수 있는) 가슴속 지혜의 목소리가 확인해 준다. 그렇게 되면 관상적인 깨달음 안에서 우리는 빛의 다가옴을 은총으로 기다릴 수 있는 능력을 유지하게 된다.

한없는 경이로움 속에 사는 것은 역사 가운데 우리가 차지하는 독특한 때와 위치를 인식하는 것을 뜻하기도 한다. 우리 세대는 우주가 강력한 창발의 사건을 통해 137억 년 전에 생겨 나왔다는 것을 관측을 통해 처음으로 알게 된 세대이다. 태초에 터져 나온 찬란함의 잔해인, 각기 수십억 개의 별을 가진 수십억 개의 은하의 이미지를 처음으로 본 세대이기도 하다. 허블우주망원경은 우주가 얼마나 절묘하고 아름다운가를 믿기 어려울 만큼 선명하게 보여 주었다. 또한 우리는 처음으로 대기권 밖에서 지구를 보게 된 세대이다. 아무런 인위적인 경계도 없이 광활한 우주 공간에 연약한 푸른 구슬처럼 떠 있는 지구는 말로 표현할 수 없이 아름답고, 살아 숨 쉬는 유일한 생명권이다.

한없는 경이로움 속에서 살아갈 때 우리는 새로운 가능성이 등장하는 창발의 과정에 예민해지게 된다. 더불어 인류가 호모 사피엔스에서 몸과 마음과 얼이 통합된 우주적인 인간 또는 호모 유니버살리스로 진화해 나갈 가능성도 커질 것이다. 우리가 창조주의 빛을 받아들이는 수용체로 진화해 나가게 해 준 이는 바로 예수님이시다. 이렇게 예수님을 이해하면 우리가 누구인지 분명해진다. 우리는 빛과 에너지의 존재로 형태발생장을 형성해 다른 이들을 위한 가능성을 만들어 낸다. 우리는 서로 안에 둥지를 틀고 서로를 보살피고 지탱하며 자기 보전과 자기 적응 사이의 긴장 및 초월과 소멸 사이의 긴장을 유지하는 홀론들이다. 우리는 죽음이 고통스럽지만 그것이 생명의 불가결한 일부임을 인정하고, 이해할 수는 없지만 생명이 신비 안에서, 신비를 통해 펼쳐진다는 것을 인정한다. 하나 됨은 이러한 바탕에 깔린 진리이며 보편적인 동인임을 우리는 알고 있다.

　알고 있는 모든 것을 통해 우리는 더 큰 의식으로 진화하게 된다. 우리가 알고 있는 것을 아는 것은 자기 초월의 행위이고, 배운 것을 행동으로 옮기는 것은 더 큰 의식으로 나가는 길이다. 이제 우리는 창발하는 우주에서 살아가며 부딪히는 도전에 보다 의지적으로 응답해야만 한다. 아주 오랫동안 거기 늘 존재해 온 은총과 힘을 받아들여야만 한다. 지금 이 순간은 최초의 엽록소 세포가 태양에서 온 한 줄기 빛을 받는 법을 배워, 살아 있는 모든 존재를 위한 영양분과 생명이 된 순간과 비견될 만하다. 지금은 우리가 바로 그런 역할을 해야 하는 순간이다. 우리 모두, 서로 연결되어 사랑 안에서 살아가자! 그리하여 앞으로 올 세대들이 우리를 보고 이렇게 말할 수 있도록 하자. "이들이 이것을 제대로 이해한 첫 세대이다. 처음으로 우주를 받아들여 그 이야기를 듣고 자신들의 역할을 깨달은 최초의 우주적인 인간들이다. 그리고 모든 생명이 연결되어 있다는 확신을 갖고 선택을 한 첫 세대이기도 하다. 그들은 빛을 받아들여 모든 종들이 소멸과 단절에서 벗어나 새로운 수준의 활력과 자유로 초월하게 함으로써 모든 창조계를 바꿔 놓았다. 정말 한없이 경이로운 사람들이다!"

성찰
관상

여러분 자신이 우주라고 상상해 봅니다. 여러분 안에 있는 모든 것들이 서로 연결되어 있음을 바라봅니다. 모든 별들과 은하, 블랙홀, 암흑 에너지, 암흑 물질 등 모두가 연결되어 있습니다.

여러분 안에 있는 태양계와 지구를 바라봅니다. 산과 바다, 강과 숲을 비롯해 지구를 집으로 삼고 있는 모든 생명체가 얼마나 아름다운지 바라봅니다.

모든 것이 연결되어 있다는 실재를, 그리고 이 방대한 신비 안에서 모두가 하나이며 그 신비가 여러분 안에도 자리하고 있다는 것을 받아들입니다. 경외감이 여러분을 휩싸지 않습니까?

여러분이 하느님에 대해 갖고 있던 이미지가 어떻게 확장되었습니까? 팽창하는 우주의 이미지에서 여러분이 하느님과 관계 맺는 방식은 어떻게 바뀌었습니까? 여러분이 성장하도록 성령께서 초대하는 부분은 어디입니까?

여러분은 창발의 과정에 얼마나 헌신하고 있습니까? 여러분의 삶 안에서 창발을 목격한 것이 있습니까? 계속되는 창발을 어떻게 맞이하겠습니까? 여러분이 성장하도록 성령께서 초대하는 부분은 어디입니까?

성령께서는 어떻게 초대하십니까? 구체적으로 어떤 과제를 하도록 힘을 주시는 것 같습니까? 그 힘을 현명하게 쓰기 위해 어떻게 보살피겠습니까? 성령께서 여러분이 성장하도록 초대하는 부분은 어디입니까?

이 책에서 얻은 통찰을 받아들이는 동안 배은 것이 무엇입니까? 여러분 내면에서 새롭게 얻은 깨달음을 지극히 거룩하신 분께 가져가, 그곳에 깨달음을 두고 하느님께서 여러분에게 하시는 말씀을 들으십시오.

하느님,
저희는 매순간 당신의 광대한 사랑과
다정한 품 안에서 살아갑니다.
우리를 둘러싼 모든 것들이 당신의 현존을 보여 줍니다.
우리 주변과 내면의 모든 것에서
생명이 신선하고 새롭게,
활기차고 열정으로
생생하게 등장합니다.
저희가 스스로의 삶과 생활을 계속 확장하게 하시고,
당신의 창조에 동참하는 도전과 책임을 받아들이게 하소서.
당신께서 주신 모든 선물을 받아들이고
사랑 안에서,
사랑을 위해
그 선물들을 잘 사용하게 하소서.
당신께서 주신 선물을 지혜롭고 용기 있게 사용해
우리 모두가 서로 연결되어 있음을 찬양하게 하시고

어느 곳에서나 당신의 사랑이 표현된 것을 보게 하소서.
저희가 행동과 태도로 하나 됨을 이루게 하시고
당신의 사랑으로
저희를 당신과 하나 되게 하소서.
다가올 세대들이 당신 안에 있는 저희를 보고
"한없이 경이롭다!"
하는 그런 삶을 살게 하소서. 아멘.

용어 설명*

가이아 가설 Gaia Hypothesis
제임스 러브록과 린 마굴리스가 1960년대에 상정한 가설로, 지구를 하나의 살아 있는 시스템 혹은 생명권이라 주장한다.

광자Photon
빛 입자.

블랙홀Black Hole
중심에 있는 특이점의 밀도가 너무 높아서 빛을 포함해 아무것도 사건의 지평선이라 불리는 경계를 지나지 못하는 공간의 영역. 빛이 빠져나오지 못하기 때문에 우리가 볼 수 없다고 해서 블랙홀(검은 구멍)이라 불린다.

빅뱅Big Bang
가장 일반적으로 받아들여진 우주의 기원을 설명하는 이론으로, 137억 년 전에 우주가 엄청난 에너지의 폭발로 생겨났다고 한다.

사건의 지평선 Event Horizon
탈출 속도가 빛의 속도가 되어 아무것도 빠져나올 수 없게 되는 가상의 지점으로, 흔히 블랙홀의 경계라 불린다.

암흑 물질 Dark Matter
은하를 한데 묶어 두는 중력적인 힘으로, 눈에 보이지는 않지만 그 영향은 별들의 운동을 관찰해 측정할 수 있다. 우주의 25퍼센트를 차지한다.

---

* 일부는 독자의 이해를 돕고자 역자의 설명을 덧붙였습니다.

암흑 에너지 Dark Energy
우주가 팽창하는 속도를 점점 더 빠르게 하는 중력에 반대되는 힘으로, 우주의 70퍼센트를 차지한다.

양자Quanta
분리된/불연속적인 에너지의 단위.

우주론Cosmology
흔히 우주의 기원과 발달 과정을 연구하는 학문을 일컫는데, 이 책에서는 그런 연구에서 흘러나온 이야기를 가리키며 그 목적과 의미를 포함한다.

우주 배경 복사 Cosmic Microwave Background Radiation, CMBR
빅뱅으로 우주가 탄생했다면 폭발 당시의 에너지가 우주 모든 곳에 골고루 퍼져 있어야 한다. 그 흔적이 1964년 전자파 영역에서 발견되었다. 빅뱅 이론을 뒷받침하는 강력한 증거 중 하나이다.

원핵생물Prokaryotes
원시적인 단세포 유기체로, 모든 복잡한 유기체들이 진화해 나온 조상이다.

자기 조직 시스템 Self-organizing System
스스로를 내면에서부터 유지하는 형태나 구조.

적색편이Redshift
빛이 우리를 향해 움직일 때는 가시광 스펙트럼에서 파란색 쪽으로 바뀌고, 우리에게서 멀어질 때는 붉은색 쪽으로 바뀐다. 멀리 있는 초신성의 적색편이를 측정해 우주의 나이와 얼마나 빠르게 팽창하고 있는지를 계산할 수 있었다.

진화Evolution
일반적으로 보다 복잡하고 다양하게 주어진 환경에 적합한 형태로 발달하는 과정.

창발Emergence
진화의 과정에서 보다 의식적이고 복잡하게 되는 과정. 모든 홀론들은 창발한다.

초신성 Supernova
(태양보다 일정 정도 무거운) 별이 진화의 마지막 단계에서 죽어 가면서 폭발하는 것으로, 갑자기 많은 에너지를 방출하기 때문에 마치 새로운 별이 생기는 것처럼 보인다.

코스모스 Cosmos
우주 전체

퀘이사 Quasars
"준항성 천체quasi-stellar radio source" 의 줄임말로, 겉보기에는 별처럼 보이지만 수백만 개의 별이 내는 것과 같은 에너지를 내며 블랙홀과 상관이 있다.

탈출 속도 Escape Speed
물체가, 천체가 끌어당기는 중력을 이겨 내고 우주 공간으로 영원히 탈출하는 데 필요한 속도. 지구의 탈출 속도는 초속 11.2킬로미터이다.

특수 상대성 Special Relativity
1905년 아인슈타인이 발표한 이론으로, 물체가 빛에 가까운 속도로 움직일 때 일어나는 현상을 기술해 시간과 공간과 에너지에 대한 이해를 혁신시켰다.

특이점 Singularity
블랙홀의 중심에 있는 아주 밀도가 높은 점. 중력의 효과와 양자 역학의 효과가 동시에 나타나는 특이점의 물리적인 상태는 현대 물리학으로 아직 설명하지 못하고 있다.

형성 원인 Causative Formation
루퍼트 셸드레이크의 형태발생장 이론으로, 형태발생장을 자기 조작 시스템의 형태를 보존하는 보이지 않는 힘들이라고 가정한다.

형태발생장 Morphogenic Field
인류 안에서 형태발생장은 사고와 활동, 언어의 습관을 만들어 낸다. ("형태"를 나타내는 그리스어 'morphe' 에서 온) 형태발생장은 에너지 장이 아니라 시스템을 온존하게 유지하는 정보를 전달해 시스템의 유지에 도움이 된다.

호킹 복사 Hawking Radiation
블랙홀에서 빠져나올 수 있는 이론적인 가능성. 에너지가 입자와 반입자 쌍으로 전환될 때 하나는 블랙홀로 들어가고 나머지는 빠져나오게 된다. 이 때문에 블랙홀이 질량을 잃고 결국에는 붕괴하게 된다고 한다.

홀론Holon
전체/부분. 모든 존재는 그 자체로 다른 존재와 구별되는 존재(전체)이면서 동시에 보다 복잡한 존재의 부분을 이루는 홀론이다. 홀론은 자기 보전, 자기 적응/친교, 자기 초월과 자기 소멸의 네 가지 특성을 가진다.

RADICAL
AMAZEMENT